"乡愁记忆传统村落"富媒体丛书

SHIWAI-TAOYUAN
BAISHIYA

世外桃源柏石崖
——柏石崖民居

宗迅　王瑶瑶　戴问源　著

河南大学出版社
HENAN UNIVERSITY PRESS
·郑州·

图书在版编目（CIP）数据

世外桃源柏石崖：柏石崖民居／宗迅，王瑶瑶，戴问源著．—郑州：河南大学出版社，2019.12
ISBN 978-7-5649-3220-6

Ⅰ．①世… Ⅱ．①宗… ②王… ③戴… Ⅲ．①民居－建筑艺术－研究－登封 Ⅳ．① TU241.5

中国版本图书馆CIP数据核字（2018）第025572号

策　　划	靳开川
责任编辑	靳开川　高枫叶
责任校对	韩　璐
装帧设计	高枫叶

出　　版	河南大学出版社
	地址：郑州市郑东新区商务外环中华大厦2401号　邮　编：450046
	电话：0371-86163953
	网址：hupress.henu.edu.cn
印　　刷	河南瑞之光印刷股份有限公司
版　　次	2020年5月第1版　　　　　　　印　次　2020年5月第1次印刷
开　　本	787 mm×1092 mm 1/16　　　　印　张　15
字　　数	193千　　　　　　　　　　　　定　价　168.00元

（本书如有印装质量问题请与河南大学出版社联系调换。）

总　　序

近年来，人们常常提到"乡愁"这个词，如"淡淡乡愁""记住乡愁""唤起乡愁""留住乡愁"，如此等等。显然，人们已把乡愁与殷殷的桑梓之情或割舍不断的精神家园联系在了一起，使其成为中华文化根系的重要表征之一。

那么，这种种乡愁具体表现于哪些方面呢？"唯有门前镜湖水，春风不改旧时波"（贺知章《回乡偶书二首》），这是关乎自然环境的；"君自故乡来，应知故乡事。来日绮窗前，寒梅著花未？"（王维《杂诗三首》其二）这是对故园人、事的追忆；"露从今夜白，月是故乡明"（杜甫《月夜忆舍弟》），这是自古传承的审美意象；"遥夜人何在，澄潭月里行。悠悠天宇旷，切切故乡情"（张九龄《西江夜行》），这是从月夜起兴而至内在情感的直抒；还有"家在梦中何日到，春生江上几人还？川原缭绕浮云外，宫阙参差落照间"（卢纶《长安春望》），则是对故乡城池、建筑及形貌的记叙与抒写。由此观之，乡愁是一种浓重沉郁、温婉绵长的情愫，它既无形又有形，既内在亦外显，既浸润于心灵也融渗于物象，处在这特有的文化语境之中的人们都可以深切地感受到。

而那些在经年累月中形成又代代相承、相传的传统村落，无疑是这既包含着物质又漾出精神的、丰富复杂的乡愁之最重要的载体之一了。

传统村落，原称"古村落"，主要是指1911年以前所建村落。2012年9月，经传统村落保护和发展专家委员会第一次会议决定，将习惯称谓的"古村落"改为"传统村落"。有学者认为，传统村落传承着中华民族的历史记忆、生产生活智慧、文化艺术结晶和民族地域特色，维系着中华文明的根;作为我国乡村历史、文化、自然遗产的"活化石"和"博物馆",它寄托着中华各族儿女的乡愁,是中华传统文化的重要载体和中华民族的精神家园。

近年来,中国传统村落的保护与发展问题日益受到关注。2012年,我国启动中国传统村落保护工作。2014年,住房和城乡建设部、文化部、国家文物局、财政部联合发出《关于切实加强中国传统村落保护的指导意见》建村〔2014〕61号。2012、2013、2014年,先后有三批中国传统村落名录公布。2016年12月9日,第四批中国传统村落名录公布。凡此表明,这些昔日不为人识的文化宝藏,已闪烁出愈来愈鲜明的光彩。我们希望,呈现在读者面前的这套"乡愁记忆传统村落"富媒体丛书,能够洞开一扇面向世界的窗牖,让这些富有诗意和文化意味的传统村落及其保护展现在世人面前。

传统村落兼有物质与非物质文化遗产的双重属性,包含了大量独特的历史记忆、宗族传衍、俚语方言、乡约乡规、生产方式等。这些文化遗产互相融合,互相依存,构成独特的整体。它们所蕴藏的独特的精神文化内涵,因村落的存在而存在,并使其厚重鲜活;同时,传统村落又是各种非物质文化遗产不能脱离的生命土壤。在传承的历史过程中,传统村落既承载着它的文化血脉和历史荣耀,又与生产生活息息相关。在此意义上,传统村落的建筑无论历史多久,又都不同于古建;古建属于过去时,而传统村落始终是现在时。这些传统民居,富含建筑学、历史学、民俗学、人类文化学和艺术审美等多方面的重要价值,起着记载历史、传承文化的作用。

但是,在一些急功近利、喧嚣浮躁的区域,传统村落的保护面临巨大的压力,尤其是随着我国城镇化建设进程的加快,传统村落遭到破坏的状况日益严峻,加强传统村落保护迫在眉睫。"让居民望得见山、看得见水、记得住乡愁",2013年12月召开的中央城镇化工作会议提出了这样一句充满温情的话语。如上所说,那些如古树、池塘、老井、灰墙以及涓涓细流、山川草甸等的物象,承载着无数人儿时的记忆,它是很多人魂牵梦萦的成长符号。这种作为中国人的精神家园的"乡愁",不应该随着城镇化而消失,它应当有处安放,能被守望,得以传承!

"乡书何处达?归雁洛阳边。"(王湾《次北固山下》)

"老家河南",当之无愧。中原地区是华夏文明的发祥地之一,悠久的历史文化,形成了独具一格而又南北兼容的传统民居建筑特色。这些传统村落,既有其不可替代的历史文化价值,也寄托着中原儿女心头那一抹浓浓的"乡愁"。它们一方面反映了以河洛文化为中心的中原文化丰厚的历史积淀,同时也显现出其吐故纳新、厚德载物的生命活力。

河南的传统民居建筑包括窑洞、砖瓦式建筑、石板房以及现代平顶房,特色鲜明。窑洞,是由于地理、地质、气候等多种因素而形成的一种独特的民居建筑形式。"见树不见村,进村不见房,闻声不见人",三门峡地区的地坑院又是窑洞民居中一种独具特色的建筑形式。还有太行山地区的石板建筑,石梯、石街、石板房、石头墙……无不和大自然和谐共生、融为一体,堪称河南民居中的一绝。石板岩镇所有的建筑和生活器具都是就地取材,无不体现了建筑者的智慧和对自然的尊重,形成自己独有的地方特色,形成一种极富地方文化魅力的民居建筑。同时,传统的儒家文化思想,在河南民居建筑中有着明显的体现。无论是处处可见的漏窗、木雕、砖雕、石雕,还是高大的门第和牌坊,大都镌刻有中原地区所特有的忠孝节义、礼义廉耻等传统美德故事,从厅堂到居室也大都张挂字画、楹联和警句,既使室内充满了人文气息,又潜移默化地起着警示和教育后人的作用。河南传统民居还可以看到一种"人、社会、自然"三重意义的和谐,体现出独特的儒家和谐建筑理念。河南地区至今仍保留着的传统古民居，多为明清时期所建，集建筑、规划、人文、环境于一体，是河南所在的中原文化与中国传统儒家文化重要的物质载体和文化遗产。另外，在工艺设计与建造风格上，河南民居也兼有南方之秀和北方之雄，具有独特的历史文化与艺术审美价值，值得我们进行深入的探索和挖掘。

目前，河南省共有220个村落入选中国传统村落名录。为了弘扬中原厚重的历史文化，我们策划出版了这样一套"乡愁记忆传统村落"富媒体丛书，旨在系统性、完整性、学术性地整理和展现传统村落，让更多的人了解传统村落，继承我国传统村落建筑文化，为传统村落的保护与发展提供必备的参考与借鉴。

此外，为更好地展现中国传统村落建筑简史、村落形制、土木建筑、建筑平面与空间形态、建筑形态、民俗文化艺术等，这套丛书利用虚拟现实技术（VR）和增强现实技术（AR），以传统纸质出版物为主要载体，开发了传统村落App，使该书不但具有传统图书的形式，又包含有音频、视频、三维模型、三维动画等多种富媒体资源，利用智能终端进行全方位的深度阅读体验。

"君自故乡来，应知故乡事。"我们愿渐次展开家乡的那些美好画卷，打开故园的那些动人意蕴！当然，中国传统村落如同浩瀚无垠的宇宙，我们在有限的时间内试图抓取和整理无限的文化财富将是非常困难的。因此，我们首先选取了河南地区的部分传统村落组织出版，希望本丛书的出版发行能够起到抛砖引玉的作用，能够引起广大读者对中国传统村落的兴趣，启发更多的人了解她、走近她、思考她，进而用自己的实际行动来保护她，为后世子孙留下值得铭记和传承的珍贵遗产，以守住我们传统村落所特有的文化"基因"。

张云鹏

2018年12月

目　录

第一章　综述 ／1

第二章　柏石崖的景观资源 ／15

　　一、自然资源 ／17
　　二、人文资源 ／36

第三章　柏石崖的空间布局及民居建筑 ／63

　　一、柏石崖的空间布局 ／65
　　二、柏石崖民居建筑的平面构成 ／76
　　三、柏石崖民居的屋顶形态 ／92
　　四、柏石崖民居的墙面材质 ／127
　　五、柏石崖民居的建筑装饰 ／131
　　六、柏石崖民居的发展变化及使用现状 ／135

第四章　柏石崖的红色遗产 ／167

　　一、豫西抗日根据地的建立 ／169
　　二、豫西抗日后方医院 ／172
　　三、豫西抗日军政干部学校旧址 ／185

第五章 柏石崖的物产与人情 / 189

一、柏石崖的物产 / 191
二、柏石崖的人情 / 216

第六章 柏石崖的保护与发展 / 221

一、传统村落的保护发展现状 / 223
二、柏石崖村落的价值所在 / 224
三、柏石崖村落的发展现状 / 225
四、柏石崖村落的保护发展定位 / 226

参考文献 / 227

后记 / 230

第一章 综 述

近年来，作为丰富而独特的文化遗产的乡土建筑越来越受到社会各界的关注，其保护与发展问题已成为当下的热点。"传统村落"是我国在社会经济快速发展过程中提出的新概念。2012年9月，经传统村落保护和发展专家委员会第一次会议决定，将习惯称谓"古村落"改为"传统村落"。相对于历史文化名村，传统村落属于行政性的概念，范围更加宽泛，更加强调农耕文化聚落载体的完整存续状态，在加强物质保护的同时特别注重非物质文化遗产的活态传承，立足于尽可能多地保护传统农耕文明的根基。截至2019年6月，中国传统村落名录共公布五批，总计6819个（见表1-1）。

表1-1 中国传统村落统计表

公布时间	中国传统村落名录批次	村落数量（个）
2012年12月17日	第一批	646
2013年8月26日	第二批	915
2014年11月17日	第三批	994
2016年12月9日	第四批	1598
2019年6月6日	第五批	2666
合计		6819

我国对民居建筑的研究由来已久，关于传统民居的研究从20世纪80年代至今进入大发展的时代，出现了众多从不同视点以不同地域为对象的研究。代表性的研究成果有：刘敦桢的《中国住宅概说》，汪之力的《中国传统民居建筑》，陆元鼎、杨谷生的《中国民居建筑》，单德启的《中国民居》，侯幼彬的《中国建筑艺术全集（20）宅第建筑》，孙大章的《中国民居研究》，侯继尧、王军的《中国窑洞》等。以地域为研究对象的有陈志华等人乡土建筑方面的系列研究，张仲一等人的《徽州明代住宅》，马炳坚的《北京四合院建筑》，宋昆的《平遥古城与民居》，

周若祁、张光的《韩城村寨与党家村民居》，张成德等的《丁村明清民宅及其文化》等。以及以上述视点、地域为对象的学位、学术论文，不胜枚举。这些研究为人们了解、研究传统村落、传统民居奠定了坚实的基础，提供了珍贵的资料。

在日本，对于中国传统民居的研究也相当深入。例如，茂木计一郎等人对中国民居空间构成特色的研究，阵内秀信等人对城市的形成及四合院空间构成的研究，青木正夫等人对韩城地区及党家村的研究，大西国太郎等人对西安街市及四合院的研究，藤川昌树等人对四合院住宅的类型、形成过程的研究，上北恭史对四合院住宅的传统居住方式、居住方式的变迁以及改扩建等导致居住状况恶化的实际状况的研究，川井操等人对回族居住区住宅的类型及变迁的研究，等等。这些研究以不同的视点，采用不同的研究方法，为中国民居研究提供了更广阔、新鲜的视野，也初步反映了中国传统民居的国际影响力与吸引力。

位于中国窑洞民居分布区东南边缘地带的河南西部地区，是中国窑洞民居的六大分布区之一，该区域也是河南境内窑洞与合院式民居相结合民居形式的主要分布区，其村落、民居形式反映出典型的地域特征。自20世纪80年代以来窑洞民居得到了国内外学者的广泛关注，在海外有较高的知名度，如茶谷正洋、八代克彦等人对窑洞民居的研究等。这些研究较早涉及河南窑洞，为该地区窑洞民居研究积累了一定的前期成果，同时为该地区民居研究打开了新的思路。

然而，依然存在研究的空白及薄弱区域。河南作为华夏文明的重要发祥地和传承区，传统村落承载着中原地域独具特色的历史文化记忆，带有鲜明的农耕时代乡村生活的印记，揭示出人与自然和谐发展的文化渊源。

关于河南传统村落、传统民居的研究则相对起步较晚，以往研究中关于河南民居的内容涉及较少，研究成果相对稀缺。在被称为"中原民居的补遗之作"的《河南民居》问世之前，河南省传统民居的整体状况甚至还不明了。

作为中原经济区中心城市的郑州，拥有国家历史文化名城、中国优秀旅游城市等诸多头衔，但是在郑州市内及周边除了遗存丰富的遗址、遗迹之外，能反映地域风貌的乡土建筑越来越少，现有的遗存大多分散在周边县市（如图1-1，见表1-2）。

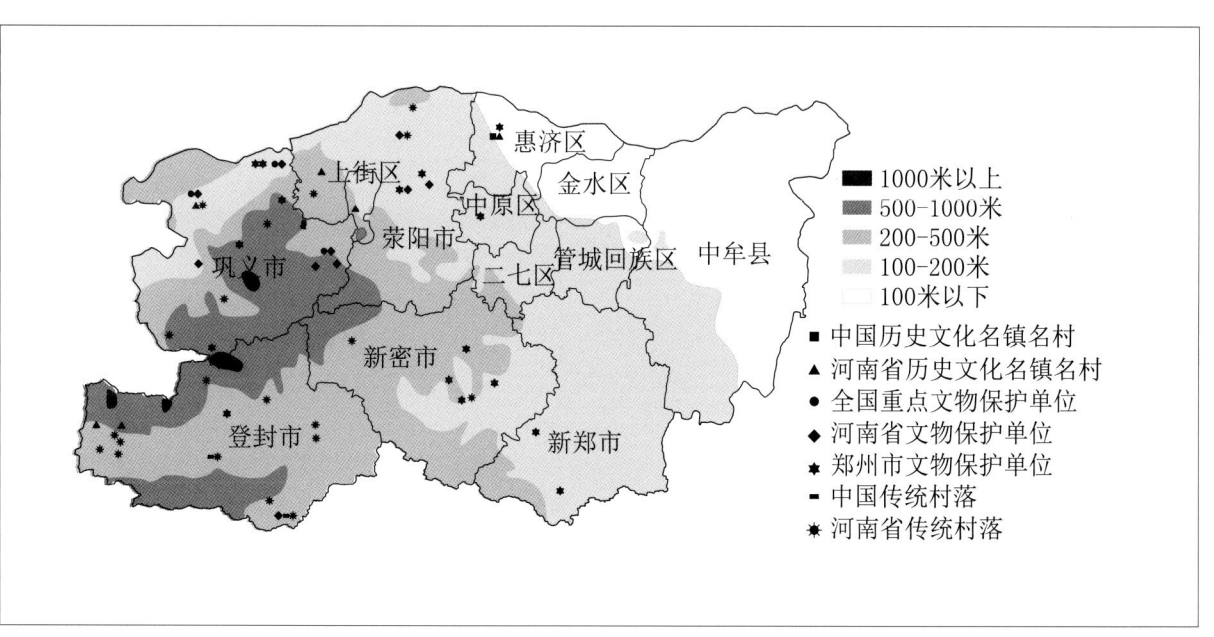

图1-1　郑州市传统民居入选各级文物保护单位、历史文化名镇名村、传统村落情况

表 1-2　郑州市入选各级文物保护单位、历史文化名镇名村、传统村落情况

单位（处）

位置 类型	巩义市	登封市	荥阳市	新密市	惠济区	新郑市	上街区	中原区	二七区	管城区	金水区	中牟县	合计
全国重点文物保护单位	3	—	—	—	—	—	—	—	—	—	—	—	3
河南省文物保护单位	7	1	3	—	—	1	—	—	—	—	—	—	12
郑州市文物保护单位	6	1	3	4	2	3	1	2	—	—	—	—	22
中国历史文化名镇名村	—	—	—	—	1	—	—	—	—	—	—	—	1
河南省历史文化名镇名村	1	2	1	—	1	—	1	—	—	—	—	—	6
中国传统村落	1	5	1	1	—	—	—	—	—	—	—	—	8
河南省传统村落	4	15	3	4	—	—	—	—	—	—	—	—	26
合计	22	24	11	9	4	3	3	2	0	0	0	0	78

数据来源：国家文物局网站、河南文物网、郑州市文物局网站、河南省人民政府网站、中华人民共和国住房和城乡建设部网站等。

目前郑州市民居建筑文化遗产入选各级文物保护单位、历史文化名镇名村、传统村落的共计62处。对同时入选国家及省级文物保护单位、传统村落、历史文化名镇名村的案例做重复计数，共计78处（次）。

至2019年10月国家共公布了八批全国重点文物保护单位。郑州市共有3处入选，全部位于巩义市。其中，康百万庄园于2001年入选，张祜庄园和刘镇华庄园于2013年入选。截至2016年1月，河南省共公布了七批文物保护单位，郑州市共有12处入选，其中7处分布在巩义市，3处分布在荥阳市，登封市、上街区各1处。郑州市分别于1987年3月、2009年6月公布了两批市级文物保护单位共计22处，其中巩义市6处，新密市4处，荥阳市、新郑市各3处，惠济区、中原区各2处，登封市、上街区各1处。

2003年10月，由建设部和国家文物局共同组织评选出第一批中国历史文化名镇名村。截至2014年2月共公布了六批，共528处入选。郑州市惠济区古荥镇入选第四批中国历史文化名镇。河南省截至2014年4月共公布了六批省级历史文化名镇名村。郑州市共有6处入选，其中，登封市2处，巩义市、荥阳市、惠济区、上街区各1处。

2013年6月，河南省公布了首批省级传统村落，至2018年1月共公布了五批，郑州市共有26处入选。

关于郑州市传统民居方面的研究起步较晚，且相对集中于部分较高级别文物保护单位，如入选全国重点文物保护单位的康百万庄园、张祜庄园和刘镇华庄园，以及入选河南省重点文物保护单位的秦家大院等。对于传统村落而言，虽然近几年已成为研究者关注的焦点，但仍属于相对新鲜的事物，我们对郑州市的传统村落、入选第三批全国文物普查不可移动文化遗产名录的传统民居进行了前期分析，发现已公示的研究成果仍不多见。

近些年传统村落的保护与发展已成为社会较为热点的话题之一。这些普通而平常的、体现物质文化和非物质文化活态传承，承载农耕文明存续状态的传统村落，陆续见诸媒体，为人们逐渐了解。

登封市是郑州市遗存传统村落数量最多的地区，包括中国传统村落5个、河南省传统村落15个。首批入选河南省传统村落名录的登封市徐庄镇柏石崖村就是其中之一。柏石崖村依山面水而建，至今保留着石砌窑洞、石墙瓦房等，以封闭的合院或不封闭的开敞院落为主要空间组合形态，地域特色比较明显，具有较高的建筑研究价值。另外，柏石崖村曾为豫西抗日后方医院所在地，被誉为"鲜血染红的土地"。近几年，柏石崖村相继入选第三批中国传统村落名录、第七批河南省重点文物保护单位，知名度不断提升，吸引了一些专家学者以及传统民居的关注者、摄影爱好者、旅游爱好者前来。

柏石崖村所隶属的登封市地处河南省中西部，地理坐标为东经112°42′～113°19′，北纬34°15′～34°35′，东临新密市，西接洛阳市伊川县，南与禹州市、汝州市交界，北与偃师市、巩义市毗连。

登封有文字记载、实物可考的历史，可追溯到远古，那时已有人类在此繁衍生息，并参与创造了灿烂的中原文明和嵩山文化。登封夏代属古阳城（今告成镇）和古纶国（今颍阳镇）。秦代置阳城县和颍阳县，属颍川郡。西汉仍沿秦制，西汉元封元年（前110年），汉武帝巡祭嵩山，置山下三百户为崇高县，作为奉邑，东汉初年崇高县并入阳城县。建初四年（79年），置纶氏县（今颍阳镇）。三国时阳城、纶氏属曹魏。晋朝分设阳城、纶氏、缑氏三县，属河南郡。后魏设置阳城郡，管辖阳城、颍阳、康城三县，又置中川郡，管辖湮阳、颍阳二县，颍阳后改武林县，又改纶氏县。隋朝改纶氏为嵩阳县，属河南郡。武周万岁登封元年（696年）武则天封禅中岳嵩山后，改嵩阳县为登封县，阳城县为告成县，后又置武林县。五代时登封属河南郡。宋朝置颍阳、登封二县，属河南府。宋庆历三年（1043年），废颍阳县为镇，后又复为县。金代废颍阳县入登封县，属金昌府。元、明、清三朝代登封县均属河南府。民国年间，将江左以西原属登封的江左、吕店等地划归自由县（今伊川县），从此再无变化。中华人民共和国成立前，登封县属洛阳专区，中华人民共和国成立后属郑州专区，后属开封专区，1983年实行市代县，改属郑州市。1994年5月，登封撤县设市，仍属郑州市管辖。全市辖3个街道、9个镇、3个乡、1个工业区和1个矿区：嵩阳街道、少林街道、中岳街道、大金店镇、颍阳镇、卢店镇、告成镇、大冶镇、宣化镇、徐庄镇、东华镇、唐庄镇、白坪乡、君召乡、石道乡、阳城工业区、送表矿区。市政府驻嵩阳街道。

登封是华夏五千年文化的发祥地之一，中国著名的"文物之乡"，裴李岗文化、仰韶文化、龙山文化等在此均有分布。嵩山自古就是祭祀、游览的重要场所，历代帝王将相、文人墨客、高僧名道纷至此地，祭祀封禅、歌咏书丹、创教传法、立碑勒石、修庙建殿，留下了众多的寺、庙、宫、观、楼、台、亭、阁、阙、坛、祠、塔、墓等文物古迹。

登封市处于豫西中部山地向豫东平原过渡地区，地形复杂，地势地貌奇特多样，北与黄土丘陵相连，南至汝河谷地北侧，东接豫东平原，西到伊河谷地右侧边缘。境内地貌类型复杂多样，千姿百态，可分为北部山地丘陵区、南部山地丘陵区和登封宽谷三部分。北有嵩山山脉，南有箕山、熊山山脉，均为东西走向，地势由南北向中间逐渐降低为丘陵河川，依地形大致可分为深山、浅山、丘陵和平地，形成了独特的侵蚀低中山地貌。深山区约占总面积的17%，浅山区约占30%，丘陵约占36%，平地约占17%。丘陵坡度多在6°以上，有石质型丘陵和黄土覆盖型丘陵两种，多为南北走向。

境内嵩山、箕山、熊山三条大山脉，均系秦岭山系东延的独立山体。箕山因山形如箕而得名，海拔723米，属深低山类型，山地南坡缓、北坡陡，呈单面山形态，山前丘陵有石质型丘陵和黄土覆盖型丘陵两种。熊山山脉横贯登封南部边境，是登封与汝州、禹州的分界线，山脉由火成岩和沉积岩构成。熊山雄伟挺拔，主峰海拔1150.6米，四周陡峭，层峦叠嶂，山顶平坦，以险、峻、奇、秀而著称。野生动植物种类繁多，是珍贵的动植物宝库。山体植被繁茂，森林覆盖率达98%，素有"绿秀山乡"之美誉。

徐庄镇位于登封市东南部，有14个行政村，139个村民组，2.56万人，有汉、回、苗等民族[1]。

徐庄镇四周群山环绕，芳水东西横贯，箕山崛起于西北，熊山耸峙于西南。海拔高度从50米至1000多米不等，平均海拔675米，其南山系主峰大熊山，是全镇海拔最高的地方。

徐庄镇林木覆盖率在47%以上，良好的植被资源为野生动物生长繁育创造了适宜条件。

徐庄镇还是革命老区，是全国19个抗日根据地腹地之一。1937年，地下党员胡景涛（新郑人）以教书为名，来孙桥小学宣传革命道理，吸收党员，成立党组织。1944年9月，皮定均司令员、徐子荣政委率领八路军豫西抗日先遣支队（后改番号为"八路军豫西抗日独立支队"）进驻登封，建立嵩山、箕山革命根据地，马峪川（今徐庄镇）为根据地的腹心地带。1945年2月，河南军区司令员王树声、政委戴季英、副政委

---

[1] 登封市地方志编纂委员会编《登封市志》（下），中州古籍出版社，2008，第1582页。

刘子久率领八路军来到登封马峪川,军区司令部驻孙桥村。1945年4月15日,在杨林村正式成立了豫西抗日军政干校。一直到登封城解放河南军区司令部才迁往登封城。

柳泉村(如图1-2)位于徐庄镇南部的丘陵山区,距镇政府所在地约3.5千米。柳泉村西为杨林村,东、南为禹州市,北临徐庄镇区。村域面积5平方千米,全村管辖10个生产组,居住分散,共有570户,总人口2020人。

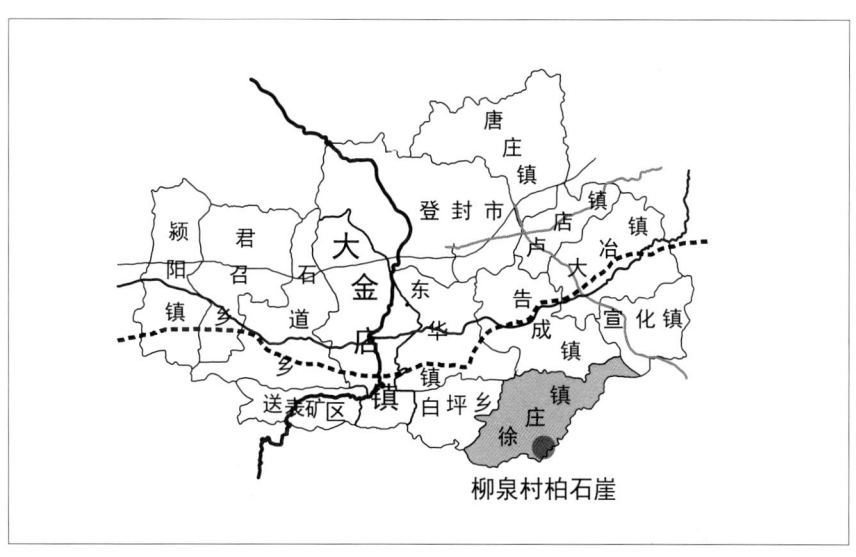

图 1-2 柏石崖村区位示意图

柏石崖村是徐庄镇柳泉行政村下属的一个自然村（柳泉行政村共下属14个自然村），位于徐庄镇南部，距徐庄镇约4千米，距登封市区32千米，距郑州市90千米，距洛阳市112千米，与禹州接壤。村落四面环山，地势隐蔽而险要，依山傍水，果木成林，环境优雅，气候宜人，有着独特的自然资源优势。

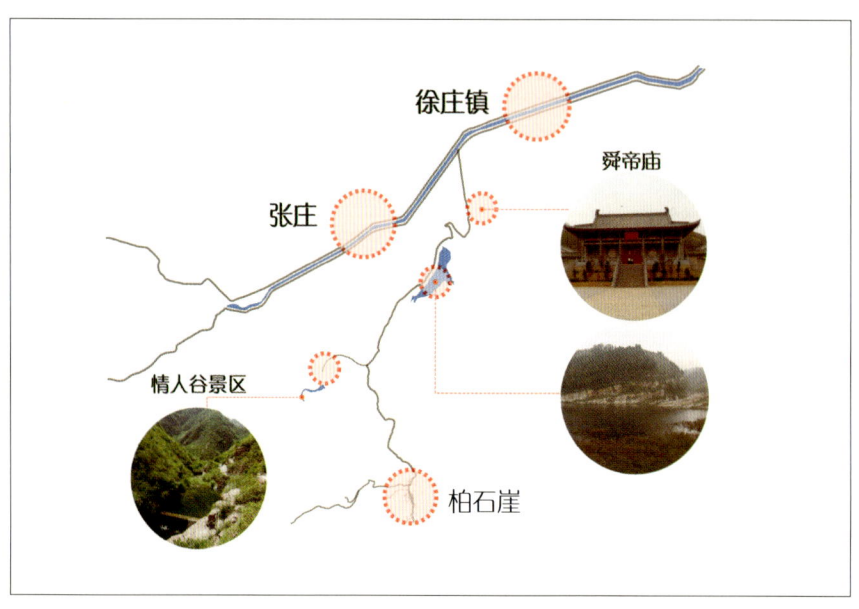

图1-3 柏石崖村的周边环境示意图

柏石崖村（如图1-3）地处河南省省级森林公园——大熊山森林公园景区内，处于半山腰岩壁之上，四周山势雄伟挺拔，地形险要，自然环境优美，整个村落掩隐于苍松翠柏间，一道天然溪水辗转流下，穿村而过，寥寥落落的人家散落在溪水两岸。石拱小桥又将山溪两边的居民连在一起。山势较为平坦的地带开辟作农田，主要种植小麦、玉米、花生、黄豆、红薯、油菜等，形成了自给自足的农业生产模式，村民与自然和谐统一，过着"山中无甲子，寒尽不知年"的桃花源般散淡生活。

关于柏石崖村的叫法，当地人又称柏树崖、白石岩等。据村民介绍，村名需要拆开说：一是因为这里曾经古柏茂密成林，二是村内建筑材料大都以石头为主。（注：立于1992年的"打井修路纪念碑"中村名使用百树岩，立于2010年的"应急吃水工程纪念碑"中使用柏树岩，登封市老区建设促进会和徐庄镇政府所立纪念碑中使用白石崖，而村落的门牌使用的是柏树岩，2013年河南省传统村落、2014年中国传统村落名录中公布的为柏石崖村。）据村民讲述，柏石崖始建于清朝时期，距今已有三百多年的历史。有王、徐、刘、甄、张五姓居民，曾经因逃荒、避难先后从登封周边乡镇迁居至此，经几代人繁衍生息，开山筑石，建造房屋，砌筑梯田，形成村落。

柏石崖民居以合院为主，村民就地取材，以石木为主要建筑材料来建房屋，至今仍保留着石砌窑洞、石墙瓦顶等多种类型房屋。

柏石崖村由于背靠大山，在烽火连天的战争岁月里因闭塞反而成了最佳避难地。1944年日军入侵登封境内，皮定均率八路军豫西抗日先遣支队来到登封，在白栗坪和马峪川一带建立了豫西抗日革命根据地。1945年河南军区和豫西抗日独立支队在此设立豫西抗日后方医院，当地老百姓习惯称为"八路军后方医院"。后方医院在柏石崖村存在时间较短，其间有数百名伤员在这里得到救治，有12名战士伤重不治把生命留在了这块土地上。如今，村头的石屋墙上，还依稀可见"后方医院手术室""后方医院伙房"等字样。

柏石崖村于2013年6月入选首批河南省传统村落名录，2014年11月入选第三批中国传统村落名录，2016年1月列入河南省重点文物保护单位。

第二章　柏石崖的景观资源

一、自然资源

(一) 水

从徐庄镇出发,不久便进入山区,仅有一条山路通往柏石崖村,山路蜿蜒曲折且狭窄,最窄处仅可容纳一辆小汽车缓缓通行,而且在植被长势旺盛的季节,道路又被植被遮挡,更加显得局促狭窄。

初到柏石崖时是6月中旬,刚进入山区,就被山路边流淌的溪水所吸引。柏石崖村所在的登封市,年降水量563毫米,且多集中在每年的农历七、八月份,因此有"十年九旱"之说。然而从徐庄镇进柏石崖村的山路边却流着一股溪水,与进山之前的景色迥然不同。后来得知,在此之前刚下过连阴雨,因周边山体植被覆盖率高,蓄水性能较好,那溪

图 2-1　山路边积下的水潭

水是雨水积蓄汇集而成，雨过数日之后便会断流。10月冉次来柏石崖时那溪水已经断流，但却留下无数大大小小清澈的水潭，别有一番情趣，有些甚至能一直保持到来年的雨季（如图2-1至2-3）。

蜿蜒曲折的道路直至村口，村口所立公路竣工纪念碑记载："白石岩村是革命老区，位居徐庄乡南方，山高路不平，雨天人车难通行。在党的领导下，在政府的支持下，在农委工作的王占国先生为改变父老乡亲行路难问题，四处奔波，为白石岩村修高质量水泥路面三千米……为纪念此工程特立此碑于2005年9月25日。"在此之前，进出柏石崖村之艰辛可想而知。

图2-2 山路边积下的水潭

第二章 柏石崖的景观资源

图 2-3 山路边积下的水潭

（二）山

进村的道路（如图2-4、2-5）在临近柏石崖村时突然右转，穿过山谷之后，四周群山环抱的柏石崖村就渐渐进入视野。柏石崖村四周的山

图 2-4　进村的道路

图 2-5　进村的道路

雄伟挺拔、风光优美（如图2-6至2-10），山上种植了大量柏树，村内又有古柏及多片竹林，站在村口山头眺望，整个村落掩隐于青竹翠柏之间，若隐若现，仅见一条山路绕过山谷与村子相连，犹如世外桃源一般（如图2-11至2-13）。

图2-6　白色巨石

图 2-7　白色巨石

图 2-8　岩石裸露的山坡

图 2-9　岩石裸露的山坡

图 2-10　山坡上的羊群

图 2-11　村口的山头

图 2-12　群山环抱中若隐若现的村落

图 2-13　群山环抱中若隐若现的村落

（三）河沟

进入柏石崖村，穿村而过的山溪天然形成的河沟，将村庄一分为二，由三座古桥将两个部分有机串联起来，柏石崖村周边山体雨水主要通过此河沟排出。由于周边山体植被覆盖率高，蓄水性能良好，河沟四季也有细水长流。到了多雨的季节，山上洪水泄下，最深处有5～6米深的河沟也会灌满洪水，偶尔暴雨来临之时也会溢出堤岸，淹没道路。

因此，村民们砌石筑堤，以防范洪水。柏石崖村内的道路依河沟两边修筑，河沟两边的护堤石筑同时也是两边道路的路基（如图2-14至2-19）。

图2-14　河沟

图 2-15 河沟

图 2-16　河沟

图 2-17　河沟

第二章 柏石崖的景观资源

图 2-18 河沟

世外桃源柏石崖

山神庙　　古树　　河

古树　　河沟

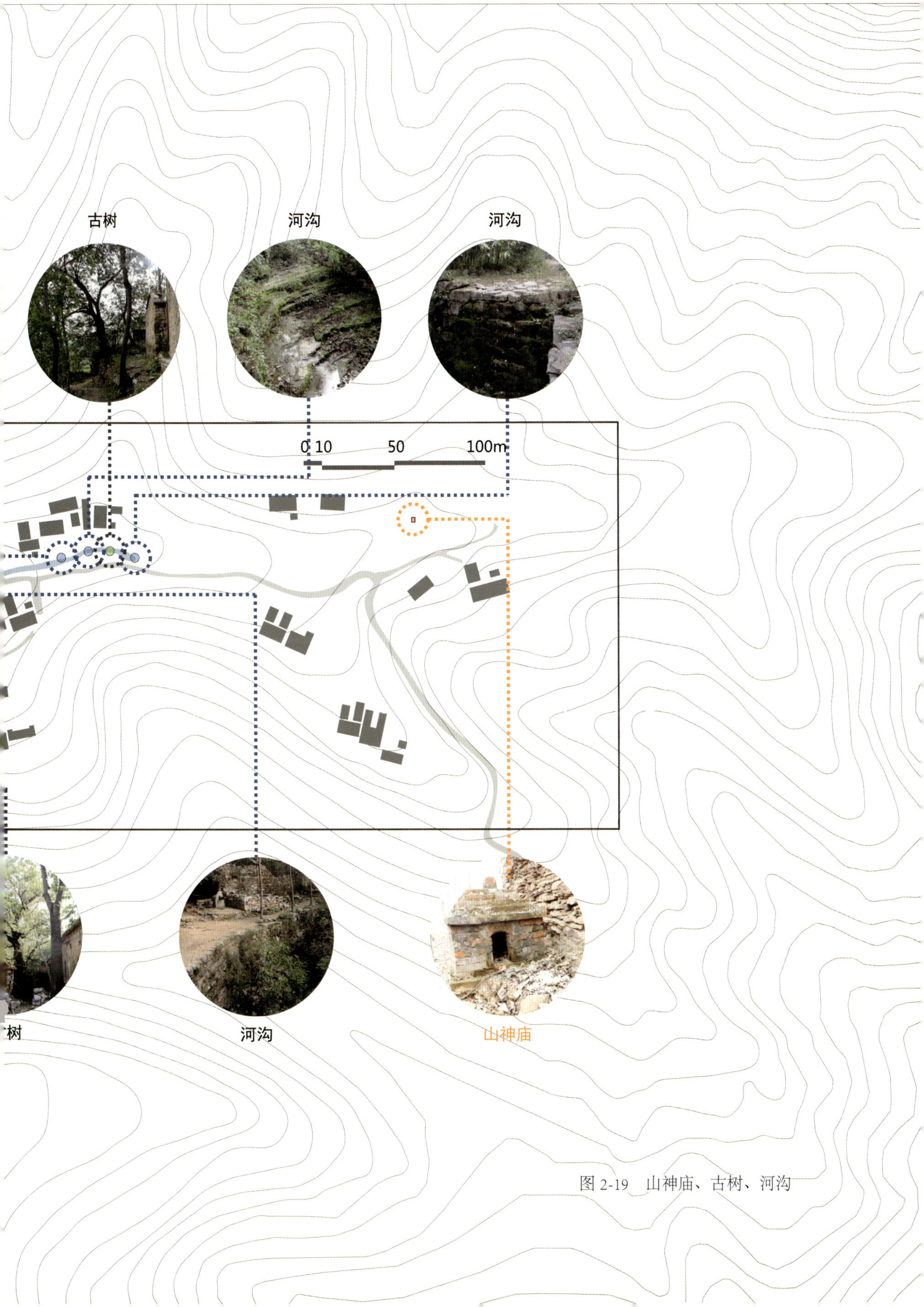

第二章 柏石崖的景观资源

古树　　河沟　　河沟

0 10　50　100m

山神庙

树　　河沟

图 2-19　山神庙、古树、河沟

（四）古树

在柏石崖村中，生长着四棵树龄数百年的古树，分别为古槐（两棵，如图2-20、2-21）、古柏（如图2-22）、木姜树（如图2-23），虽饱经风霜，却给人苍劲古拙之感，每到春季，更是"古树春风入，阳和力太迟。莫言生意尽，更引万年枝"，为村庄增添了无限生气。另外还有若干桑树

图 2-20　古槐

及几片竹林（如图2-24、2-25），竹林四季常绿，生机盎然。村落与挺拔雄伟的环山、优美的自然风光融为一体。山林中繁茂的植被还起到净化空气的作用。

古树是村庄别致的风景，历史的见证，不仅如此，村中槐树枝干粗壮，夏季枝叶茂密，绿荫如盖，村民常在树下避暑纳凉、谈笑风生。到四、五月开花时节，淡黄色的槐花还可用于烹调食用，味道甜美。

图 2-21　古槐

图 2-22 古柏　　　　图 2-23 木姜树

图 2-24 竹林

图 2-25 竹林

二、人文资源

（一）山神庙

山岳给人类提供各种生活资源，一方面是人类的恩赐者，另一方面是人类的压迫者，山中突发的灾害事件无情地威胁着人类的生存。人在山岳面前显得极其脆弱，由此萌生出对山岳的依赖和恐惧之情，常通过修庙、祭祀的方法来获得山岳的恩赐，祈求可以镇山巡径，驱兽护民。山神就是由远古先民自然崇拜衍化而成。柏石崖村南北两端的显著位置各建有一处山神庙（如图2-26、2-27），祭祀山神，祈求恩赐与庇护。

图 2-26　村北的山神庙

图 2-27　村南的山神庙

（二）田埂、农田

柏石崖村保持着传统农耕村落的特征，仍基本保持着自给自足的生活方式。由于山区平整土地较少，柏石崖村村民世代因农业生产需要，为了获得更多的土地，往往选择地势相对平坦的坡地，开山凿石，砌筑田埂，然后慢慢积蓄土壤，日积月累形成田地（如图2-28至2-36）。历经几代人的辛勤劳作，柏石崖村的石砌田埂、田地几乎遍布村落周边的山体。

另外，为了保证在农作物生长的重要季节有足够的水分供给，村民们选择在山沟底部横断砌筑田埂造田，这样在有雨水的时候，山上的雨水会沿山沟流入田地，灌溉农作物。经土地渗透，继续流向下一级梯田。在雨水较多的季节，尤其是夏季暴雨来临的时候，山洪也会沿田地边的山沟泄下，不会对庄稼形成太大的威胁。柏石崖村周边的山沟底部也几乎全部用这样的方法改造成了田地，数量之多令人感叹，体现了村民们充分利用自然条件改造自然、战胜自然的朴素智慧。

在问及过去村民们的业余生活时，村民们笑谈道："哪有业余生活，除了吃饭睡觉，业余生活就是凿石头、砌筑田埂了。"可想而知，人们在过去物质匮乏、纯人力、手工作业的情况下，付出的艰辛有多大。

图 2-28　石头砌筑的田埂

图 2-29 石头砌筑的田埂

图 2-30 石头砌筑的田埂

图 2-31　田地

图 2-32　石头砌筑的田埂

图 2-33　田埂旁的水沟

图 2-34　田埂旁的水沟

图 2-35　山沟底部一层层的田地（绿色虚线及色块区域）

图 2-36　山沟底部一层层的田地（绿色虚线及色块区域）

　　如今的柏石崖村仍有一部分石砌田埂、田地被村民使用着，且依然保持着古老、传统的人畜劳力农耕作业方式，传承着传统的农耕文化。耕作时节的田地里呈现出一派生机盎然的景象，一层层的梯田与劳作的村民一起成为柏石崖村一道亮丽的山地风景线（如图2-37、2-38）。

图 2-37　秋季的玉米地

图 2-38　夏季的麦田

图 2-39 古道

（三）古道

山路作为联系村落与田地之间的纽带，发挥着重要的作用。上山的古道是村民们到山上田地里进行农事劳作，采集山货、药材，以及放牧牛羊的必经之路，多依山势地形顺势而成，或利用碎石黄土简单平整路

图 2-40　古道　　　　　　　　　　　　　　　　图 2-41　古道

面，只能依靠人力或牲口向山上运送农用物资及向山下运送田间收获。山路的形成与延伸，主要依地形、地势而成，方便实用，自由灵活，朴实无华（如图 2-39 至 2-48）。

图 2-42　古道

图 2-43 古道

图 2-44　古道

图 2-46 古道

图 2-47 古道

图 2-45 古道

图 2-48 古道

（四）古井

柏石崖自古以来用水比较困难。2001年徐庄乡实施百组千户万人应急吃水工程（如图2-49），为西部吃水相对困难的柳泉村等三个行政村建屋顶节水工程，解决上千人和千余头牲畜的饮用水问题。2010年政府又投资完善了当地的吃水工程，解决了人们的饮用水问题。

图 2-49　应急吃水工程纪念碑

在此之前，柏石崖村民饮用水主要依靠村内的五口水井（如图2-50）以及若干雨水窖。柏石崖村最北边的一口井（如图2-51、2-52）最为古老，位于古河沟中段，临近最古老的拱桥，是整个村落的中心位置（如图2-53），村落的建设也围绕此井展开。水是人们的生命之源，日常生活中不可或缺，人们的生活空间也围绕水源展开，村民日常生活取水，"低头不见抬头见"，自然地使这里成为全村最重要的公共空间。闲暇之余，这里也成为聚堆闲谈、议事、拉家常最多的地方之一，是村民们的活动中心和文化中心。即便在后来村子向南北及后排扩展以后，古井及古桥周边仍是村子的重要公共活动场所。据村民介绍，以前村里开大会、放电影、唱戏等都在此处进行，轻而易举容下全村二百余人。该井水质良好，哺育了一代又一代的柏石崖人，至今仍有部分村民在使用。

其余的四口井（如图2-50古井2、古井3、古井4、古井5）位置相对集中，分布在村子的南部，是部分村民从老宅迁出之后，为了便于人畜饮用或灌溉田地在临近住宅的地方开凿而成（如图2-54至2-57）。

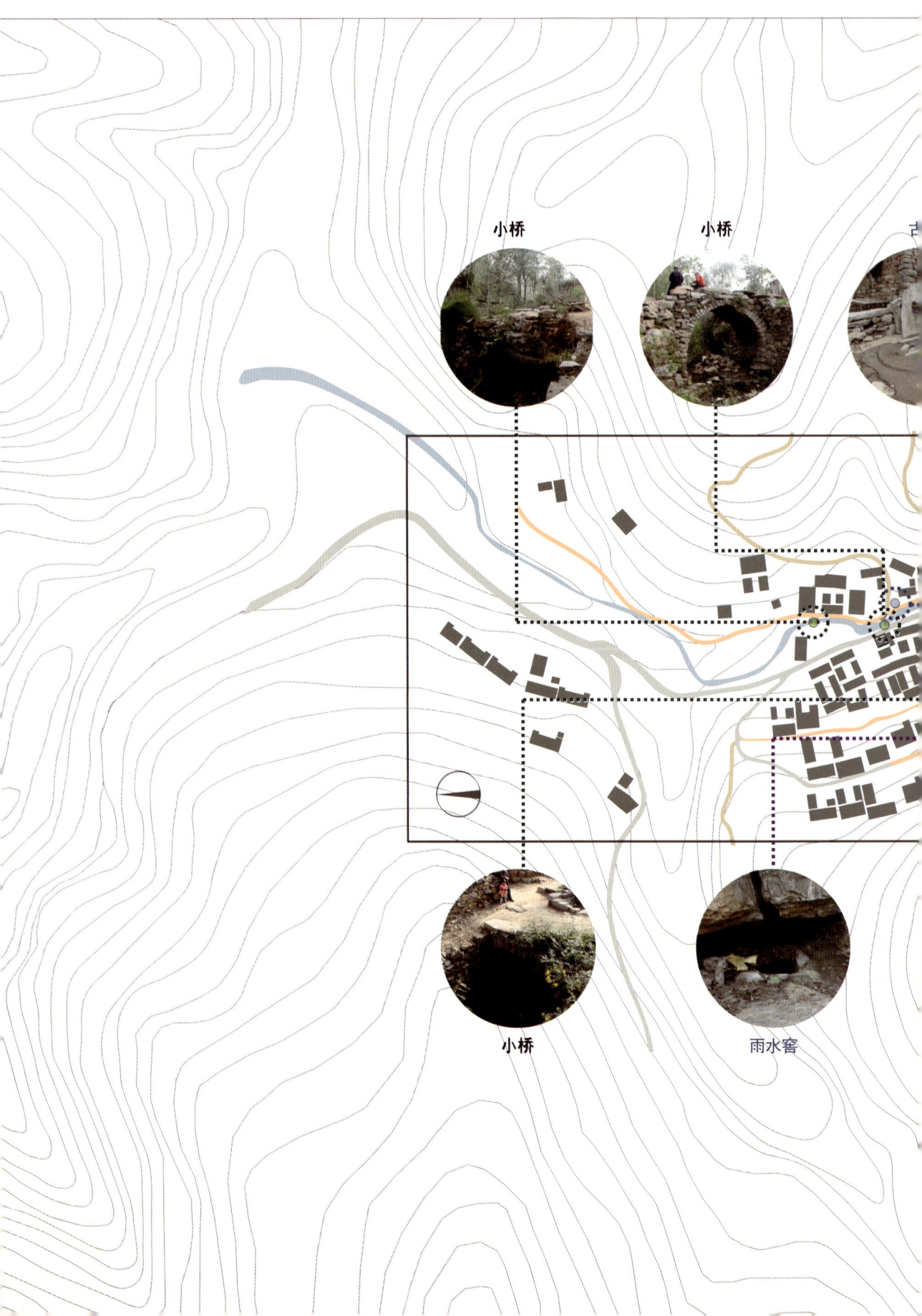

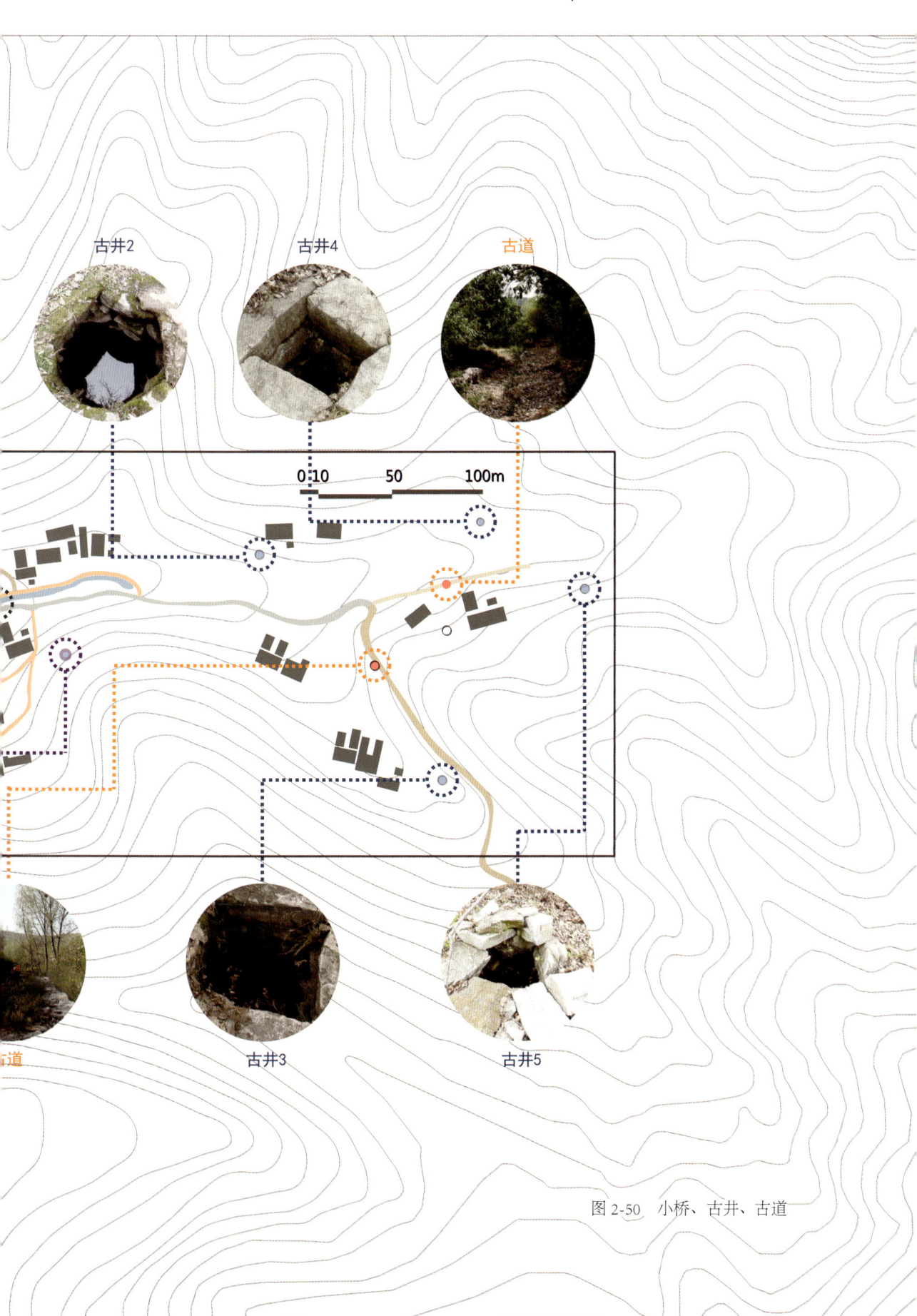

图 2-50 小桥、古井、古道

图 2-51　古井 1

第二章 柏石崖的景观资源

图 2-52 古井 1

图 2-53 村落中心位置的古井

图 2-60　小桥 1

（五）小桥

一溪穿村而过，天然形成的河沟将村庄一分为二，由三座石砌拱券小桥将两个部分有机串联起来（如图2-50）。柏石崖村没有黄土堆积层，村民就地取材利用石料建造石拱窑洞，结构体系是石拱承重，在平地上砌筑明箍窑洞，拱券技术较成熟。小桥同样是采用石拱承重的结构体系。

第二章 柏石崖的景观资源

图 2-61　小桥 1

仅在建成的石拱上填充碎石再覆盖黄土，找平路面即可。柏石崖的三座小桥，结构简洁、造价低廉、坚固耐用，与两岸道路一起构成了柏石崖村内的交通系统（如图 2-60 至 2-65）。《河南省第三次全国文物普查不可移动文物名录》（郑州卷）显示，村内中间的那座石砌拱形桥年代最为久远，始建于清朝，已经有三百多年的历史。（如图 2-62、2-63）。

图 2-62　小桥 2

第二章 柏石崖的景观资源

图 2-63 小桥 2

图 2-64　小桥 3　　　　　　　　图 2-65　小桥 3

　　群山环抱、绿树围绕，村内溪水穿流，石拱小桥联系东西两岸，与河沟石砌护岸一起构成了柏石崖重要的水路景观。蜿蜒的山路联系起村落与周边环境、石砌田埂梯田，构成了柏石崖村的重要内外部景观。

第三章 柏石崖的空间布局及民居建筑

一、柏石崖的空间布局

（一）道路空间

经蜿蜒曲折的道路进入柏石崖村（如图3-1），村内被一道自北向南流经村庄的山溪分开，又由三座平均宽2.5～3米的石砌小桥将村落东西两部分联接起来。

图3-1　进村的道路

柏石崖村内的道路网络"枝状形态，有序生长"，是柏石崖村构建形态的重要组成元素，其脉络走势依据溪流、山势地形错落，与建筑一起形成村落的整体形态。村内的河沟东西两侧各有一条道路，随着河沟走势而变化，蜿蜒曲折，民居建筑紧邻道路依次排列而建（如图3-2）。

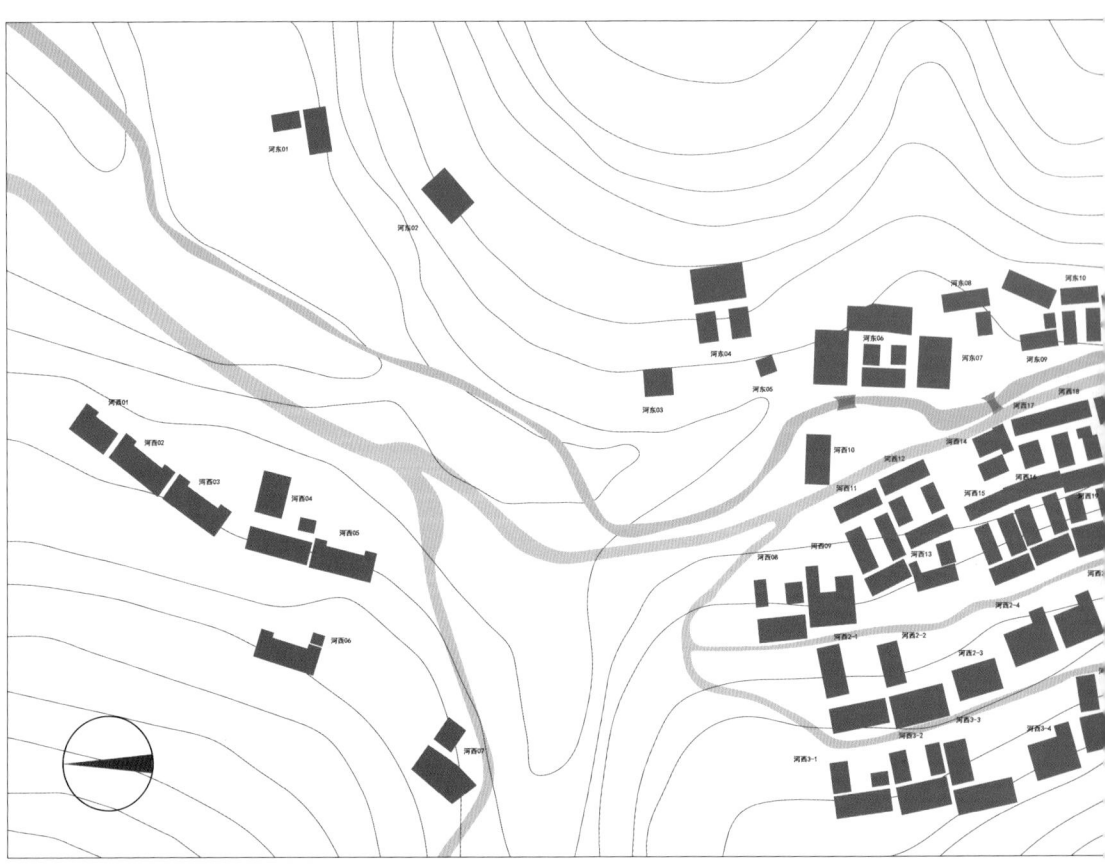

其中主要道路位于河沟西侧,平均宽度4~5米,承担了主要的交通功能,是村内资源向外运输、村外物资向村内运送的唯一途径。先前铺设的水泥路面,日久失修,浅浅的裂痕纵横交错(如图3-3至3-8)。

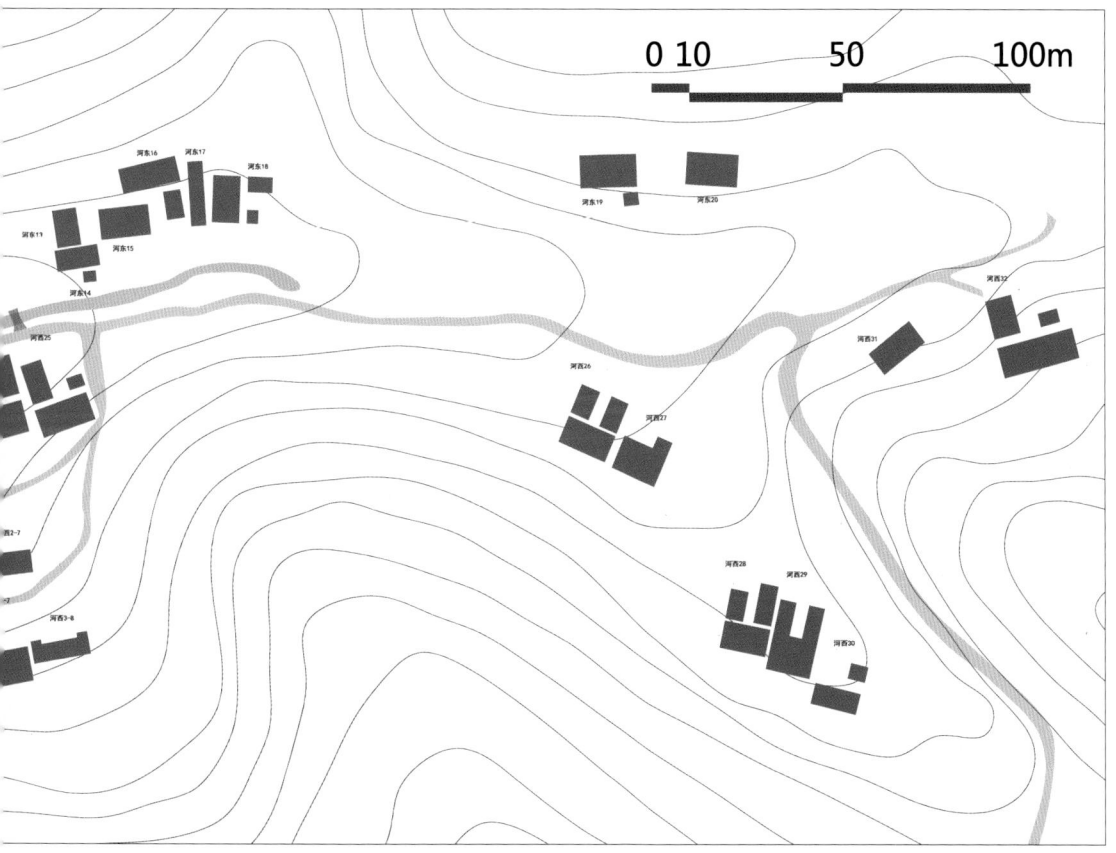

图 3-2 柏石崖路网及建筑分布图

图 3-3　河沟两侧的道路

图 3-4　河沟西侧的道路

图 3-5 河沟西侧的道路

图 3-6 河沟西侧的道路

图 3-7　河沟西侧的道路

图 3-8　河沟西侧的道路

位于河沟东侧的道路，是东侧居民入户的通道，汽车无法通行，只能人、畜及农用车通行，曲径通幽，充满了宁静平和的生活气息。路边随处设置着可小坐闲聊的石条或石制器物，春夏时节路边随意长出的杂草和野花，秋天铺满路面的落叶，为村内街道景观增添了几分色彩与情趣（如图3-9至3-12）。

图 3-9　河沟东侧的道路

图 3-10　河沟东侧的道路

图 3-11　河沟东侧的道路

图 3-12　道路边的野花

图 3-13　河沟西侧后排的道路

图 3-14　河沟西侧后排的道路

图 3-15 聚会场所

图 3-16 聚会场所

除了河沟两侧的道路外，西侧民居后排还有两排房屋，仅距前面房屋后墙一米左右的台地上还各有两条道路，是后两排居民入户的通道，基本上都是简单铺设的土路，地势较高，视野很开阔（如图3-13、3-14）。

柏石崖的道路空间，满足了村民日常的交通及生产生活需求，同时作为公共空间，也容纳着人们日常交往的诸多活动。在道路两旁看似随意放置的平整的石条石块、闲置的石磨盘、石制建筑构件，便构成村民农闲时节及茶余饭后惬意、悠闲的聚会场所（如图3-15、3-16）。道路的空间形态直接反映着柏石崖村民对居住生活、生产活动、生活样式、社会交往等各种要求，体现着村落的传统风貌，是构成柏石崖村落形态的重要元素。

（二）柏石崖民居建筑的整体布局

柏石崖村被一道山溪一分为二，民居院落多临水依山而建，形态各异，错落有致，平地建脊梁式房屋，依靠山体箍窑洞，形成了独特的传统村落。

我们对柏石崖村的民居建筑进行了测绘，结合对居民的访问，对柏石崖民居的空间构成进行了分析，通过与中国北方传统民居以及郑州市传统民居的比较，试图明晰柏石崖民居的特色所在。

民居建筑作为村落组织的基本实体单位，是容纳村民们日常生活的场所，在空间上占据村子的主要部分，是村落的主体。柏石崖的民居建筑沿河沟由北向南，左右共分布有152栋建筑，总建筑面积8857平方米（如图3-2）。河沟东侧一排共41栋建筑，归属于19户人家（院落）；西侧沿沟分布三排共111栋建筑，归属于47户人家（院落）。

二、柏石崖民居建筑的平面构成

（一）北方传统合院民居的平面构成

为了能清晰地理解柏石崖民居的空间构成，我们先来回顾一下合院民居的基本特征。

中国的北方地区位于秦岭—淮河一线以北，内蒙古高原以南，大兴安岭、乌鞘岭以东，范围是东北三省、黄河中下游各省的大部、甘肃与宁夏的东南部、江苏安徽两省淮河以北部分。四合院是合院式民居的统称，是中国北方地区常见的院落空间布局形式。郑州市地处华北平原南部、黄河中下游、河南省中部偏北，合院民居也是该地区常见的院落空间布局形式。

合院民居一般分布在地势较平坦地带，按传统的中轴对称、封闭严谨的空间序列布局，满足家族中情相亲、功相助的需求，体现出家族生活长幼有序、上下有别、内外有分的特点，一般由偶数相互分离的房屋按照一定的规律围合形成。常见的有四面围合的"四合院"、三面围合的"三合院"、两面围合的"二合院"等（如图3-17）。以"四合院"为例，正面的房屋称作正房（也常称为上房），左右的房屋称作厢房（也常称为左右厦子房、对厦房等），与正房相对临近道路的房屋称作倒座（郑州市最常称为临街房），由此构成一个四面围合的合院单元。如在此基础上沿中轴线向后延伸，在正房的后面增加左右厢房、正房，又可构成一个新的围合单元，以此类推，最终可形成由复数围合单元构成的院落。这些独立围合的单元以"进"计数，也就是通常所说的几进院落。另外，在围合空间的构成方面，也有以"四合院"为基础，在靠近倒座的厢房两山墙之间建隔墙，再在中间开门（如北京四合院的垂花门），使原本

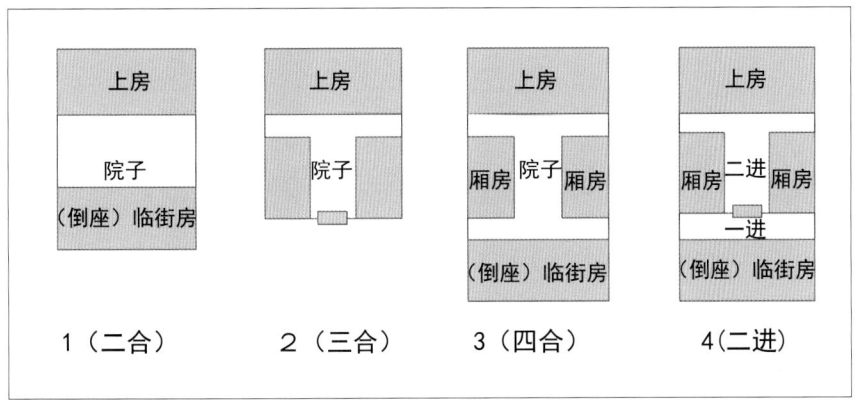

图 3-17 常见的院落空间布局形式

独立的一个围合单元变为两个独立的围合空间,从而形成"二进"院(如图3-17)。在柏石崖民居中有前述合院民居的平面布局形态,也有通过房屋围合但没有通过围墙围合所形成的相对开放院落,以下将这样的情况命名为"开放院落"。

合院民居一般院落外围墙壁高大,不开窗户,具有很强的私密性和防御性。如郑州市所辖入选中国传统村落名录的登封市大金店老街,及入选河南省传统村落名录的登封市垌头村、朝阳沟村、刘村等村落中遗存的合院民居都是按中国北方传统合院空间序列布局。入选河南省重点文物保护单位的荥阳市油坊村秦家大院、巩义市刘家大院以及入选河南省传统村落名录的新密市吕楼村等民居,则是将位于院落中心位置的正房建为两层甚至三到四层的多层楼式单体,以一栋正房或正房加两侧厢房三栋单体楼围合成楼院,通常位于宅院的最后一进院,与前院的客厅形成"前厅后楼院"的合院布局。

柏石崖村多临水靠山而建,形态各异,高低错落有致,平地建抬梁式房屋,依靠山体箍窑洞,具有一定的独特性。从建筑形态来看,柏石崖的民居院落也是由正房、厢房、临街房等基本建筑元素构成,通过相互组合，形成不同种类的院落形态。

柏石崖村的房子多临河沟，并以一口古老的水井为中心而建，后经不断地向周围扩展，新建、扩建房屋及院落，最终形成了现在高低错落的格局。平面布局上有封闭合院特征的院落，也有开放院落。其建筑形态也以抬梁式瓦屋顶石砌墙房屋、石砌明箍窑洞为主，也有红砖墙钢筋混凝土预制板屋面房屋等多种类型，形成了现有整体风貌统一而又丰富多样的村落风貌。

（二）柏石崖民居单体间的组合形式

柏石崖民居从单体间的组合形式来看可分为以下形式（如图3-18）：(a) 只有独立的一栋正房没有围墙围合的相对开放空间。(b) 在正房前方建开间一间的房子也未修建围墙的开放院落。(c) 是在 (b) 的基础上通过修建围墙形成的封闭院落。(d) 有一栋正房，再在正房前建造一

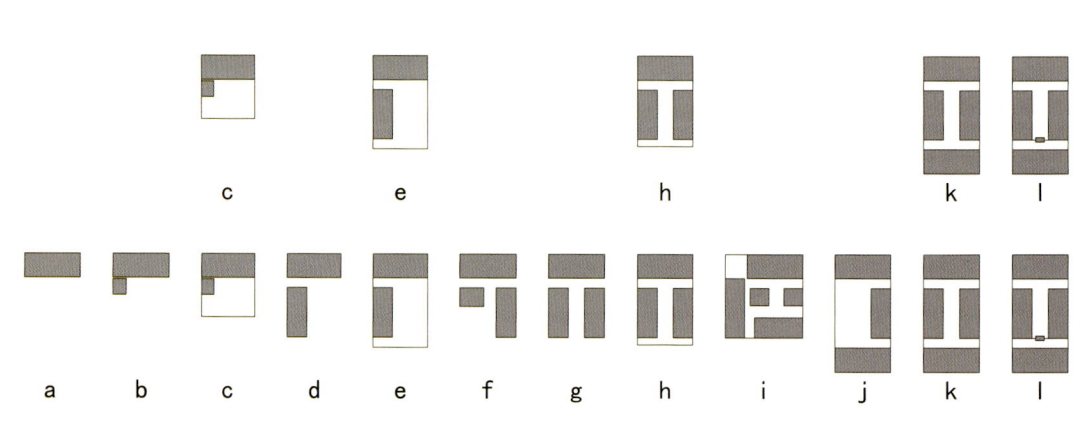

图 3-18　柏石崖民居建筑单体组合形式示意图

栋三开间的厢房所构成的开放院落。(e) 是在 (d) 基础上修建围墙构成封闭围合的院落。(f) 是在正房前修建一栋一间的小屋及与其对面的一栋三开间的厢房构成的开放院落空间。(g) 是在正房前建造左右对称的六间厢房，构成的三面围合开放院落。(h) 是在 (g) 基础上修建围墙构成封闭的院落，与常见的三合院相同。(i) 较为特别，是在正房前建两栋左右对称的房屋，正房对面也建有一栋房屋，与常见的四面围合的"四合院"相仿，又在一侧再建一栋房子，再建围墙，共同构成封闭围合院落。(j) 是在正房前修建左厢房[1]，又在正房对面修建一栋临街房，结合围墙形成封闭的三合院。(k) 是在正房前修建左右对称的六间厢房，又在正房对面修建一栋临街房，结合围墙形成封闭的四合院，与常见的四合院无异。(l) 是在四面围合院落的基础上，在左右对称的厢房靠近临街房的山墙上修建隔墙，中间设门，构成二进院落。

可以看出，其中 (c) (e) (h) (k) 与常见合院的围合规律相同，(l) 则与前述"二进"院的平面构成形态相似。其他组合形式虽有围合之势，却呈现出"围而不合"的开放性与自由性。据村民介绍，当地建房一般是先建正房，然后再根据使用需求或经济、环境条件等，陆续建造需要的左右厢房，最后建造临街房，最终通过围墙的围合建成四合院，这是村民较为理想的生活居住空间。然而，在建造的过程中往往受到当时的经济、环境条件等的制约，很多住宅最终没有达到村民理想的形态，呈现出平面组合方式的多样性。

---

[1] 站在正房（上房）前面，面向大门，左手边为左厢房，右手边为右厢房。在我国北方，正房一般坐北朝南，则左厢房多为东厢房，右厢房多为西厢房。在柏石崖，因地形关系，正房朝向并不严格坐北朝南，此种情况下为便于描述，厢房以左、右区分，而不以东、西区分。

（三）柏石崖民居建筑的平面组合形态及分布

如果将村内建筑进一步梳理[1]，按正房与其他建筑的组合以及院落围合情况的现状来看，可将柏石崖的建筑平面组合形态归纳为六类：

第一类A型，平面形态呈"一"字形。其中又细分为三小类，仅有一座房且没有通过围墙围合，被作为正房使用的A-1型；正房前加盖一间被称为"小屋"的A-2型；A-3型是在此基础上加建围墙形成封闭的院落（如图3-19至3-21）。

A型数量最多，共有三十处。其中A-1型有十八处，分别是：河西01、河西02、河西03、河西05、河西10、河西21、河西22、河西31、河西2-3、河西2-7、河西3-6、河西3-8、河东02、河东03、河东13、河东15、河东17、河东20。

---

[1] 以院落为单位，河沟东侧院落命名为"河东01至河东20"（其中编号河东05情况不明，未列入分析对象），河沟西侧第一排命名为"河西01至河西32"，河西第二排命名为"河西2-1至河西2-7"，河西第三排命名为"河西3-1至河西3-8"。

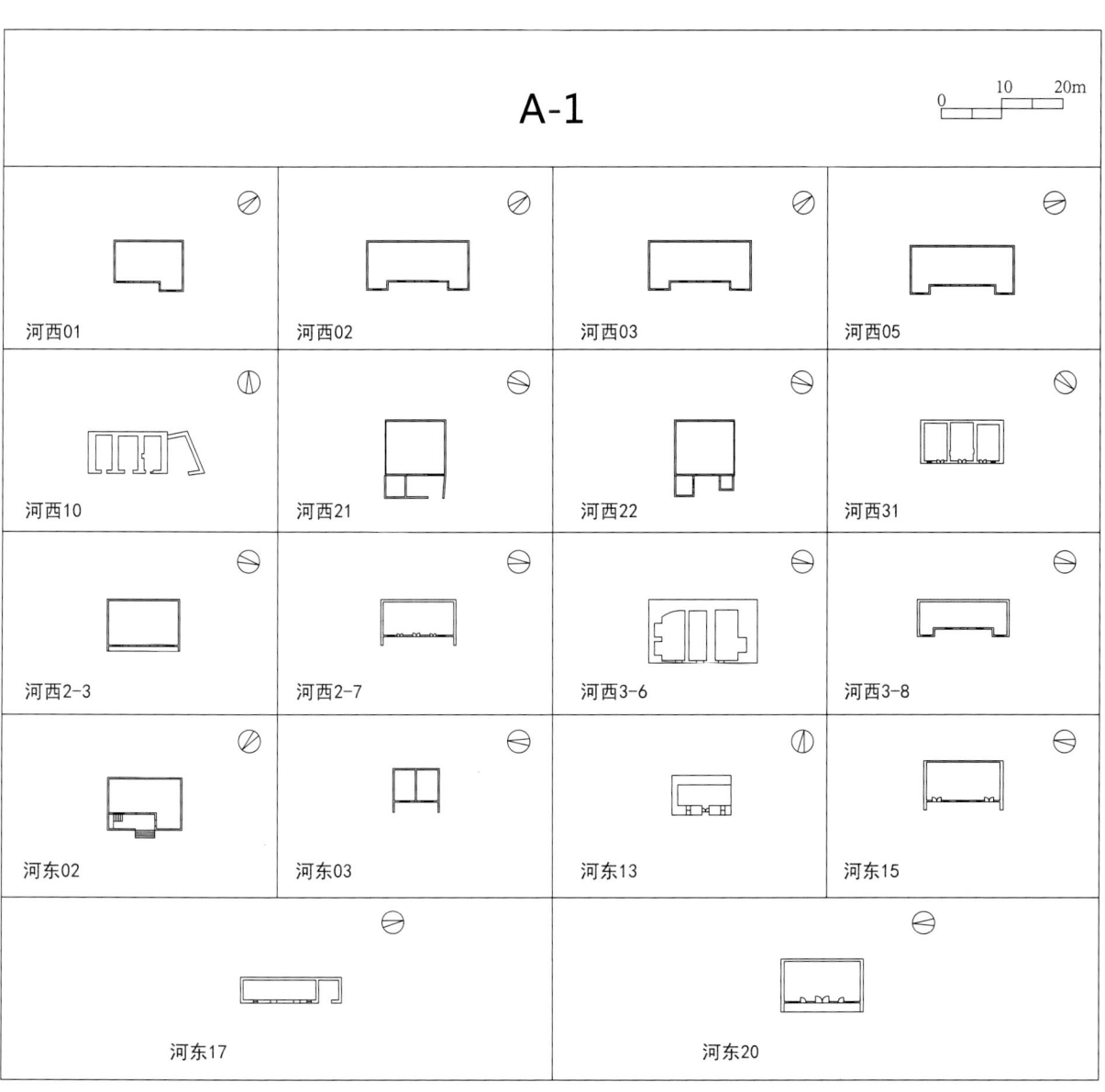

图 3-19 A-1 型平面形态

A-2型有八处，分别是：河西23、河西27、河西30、河西2-4、河西2-6、河西3-4、河东16、河东19。

A-3型有四处，分别是：河西06、河西2-5、河东07、河东14。

第二类B型，平面形态呈"L"形。B型又可细分为两小类，B-1型是由一栋正房及在一侧建造三开间的房屋（厢房）所构成，没有围墙围

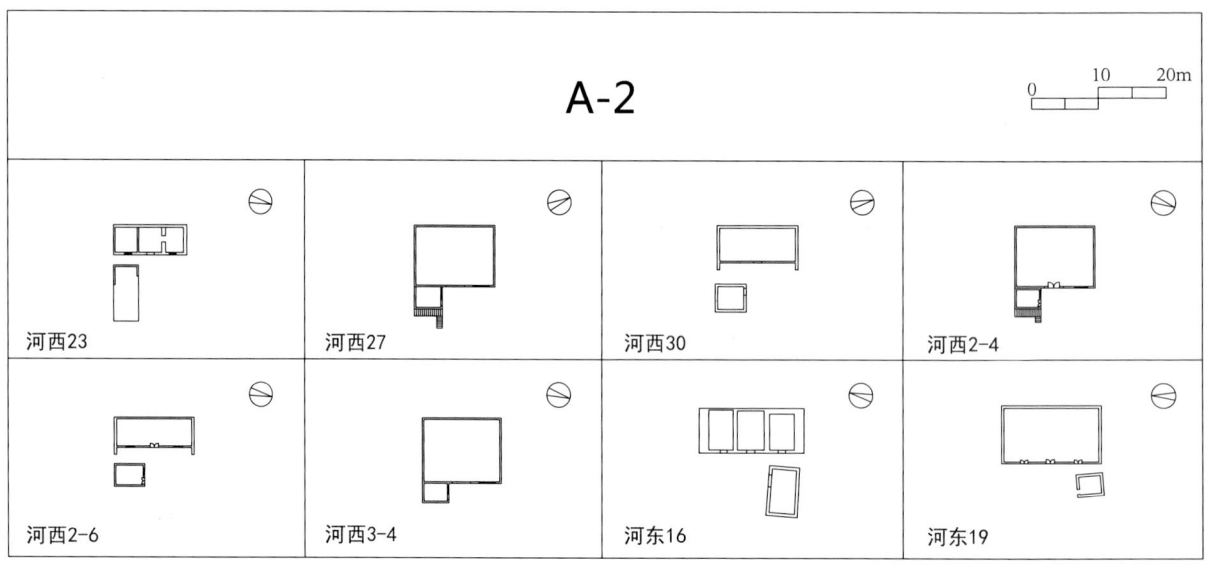

图 3-20 A-2 型平面形态

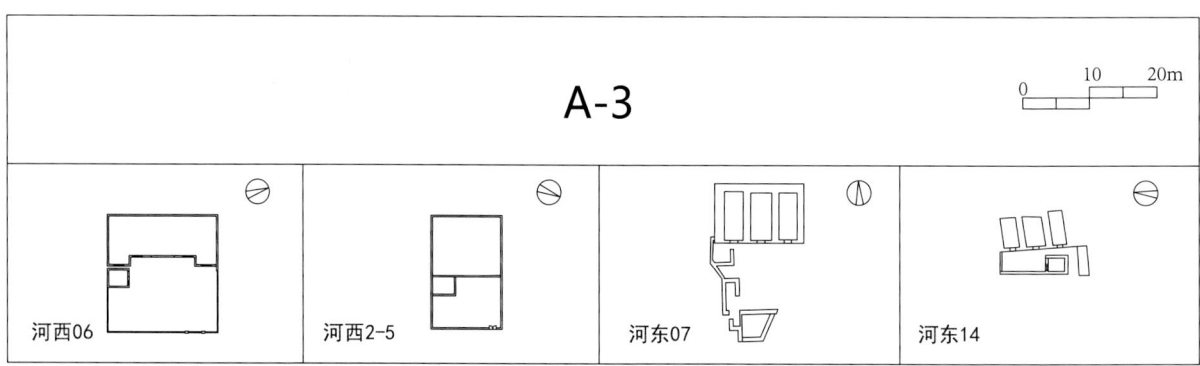

图 3-21 A-3 型平面形态

合的开放形态；B-2型是在此基础上修建围墙构成封闭的二合院落（如图3-22、3-23）。

B型共有九处，其中B-1型有六处，分别是：河西07、河西14、河西3-5、河西2-2、河东01、河东08。

B-2型有三处，分别是：河西2-1、河西3-3、河西3-7。

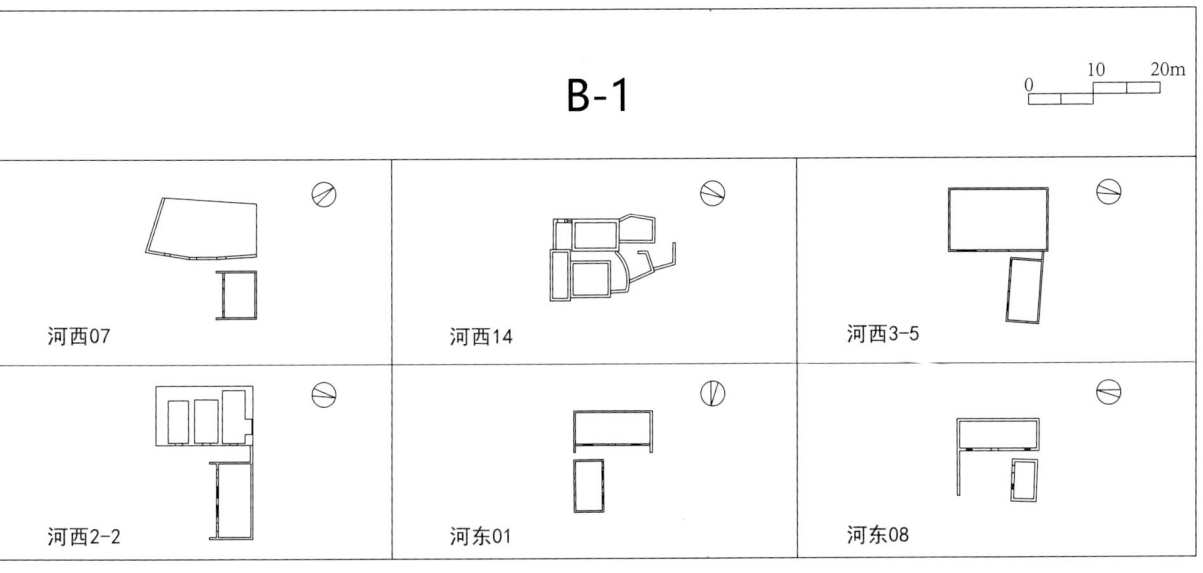

图 3-22　B-1 型平面形态

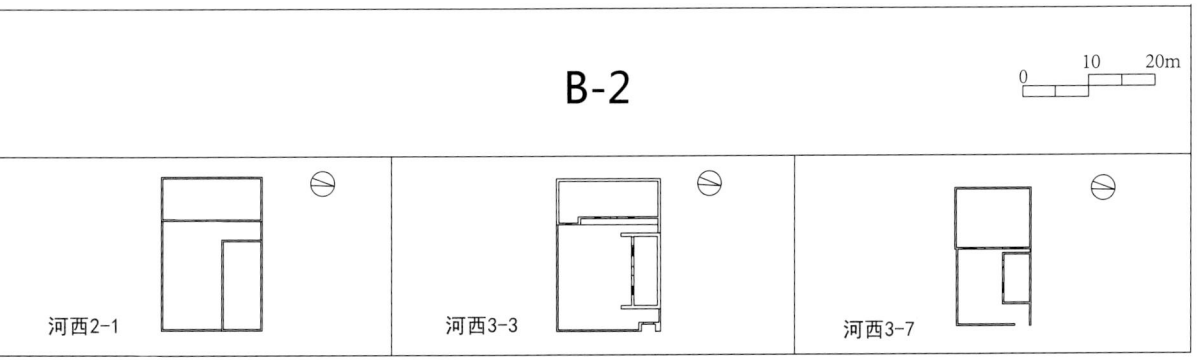

图 3-23　B-2 型平面形态

第三类C型，由正房、厢房、临街房组成，没有加建围墙形成封闭空间，受地形条件限制围合形式呈不规则状态。C型仅有河东09一处（如图3-24）。

第四类D型，平面形态呈"U"形。D型可细分为四小类，D-1型是正房及左右的房屋构成的三面围合开放院落；D-2型由正房、左右厢房组成，另加建围墙形成封闭的围合院落，与常见的三合院相似；D-3型由正房、左右厢房和围墙构成的封闭院落，另在中间加盖了一间小屋；D-4型由正房、右厢房及临街房和围墙构成的封闭院落（如图3-25至3-28）。

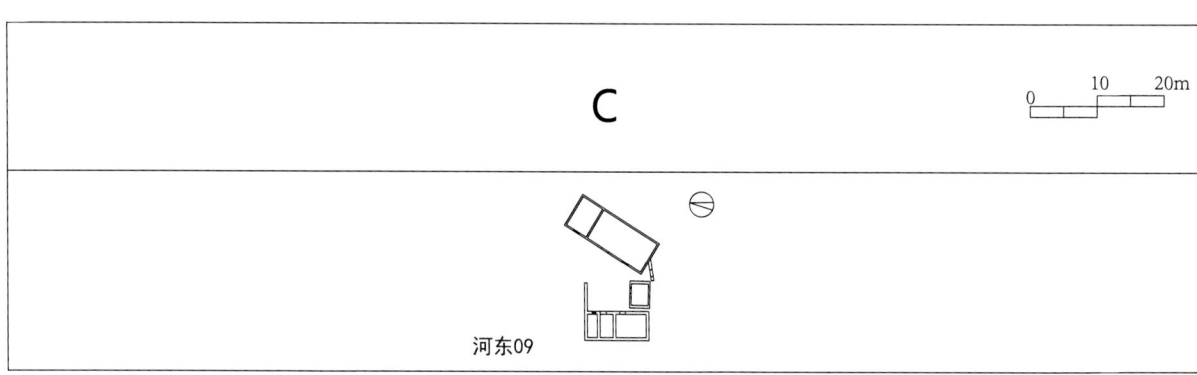

图3-24　C型平面形态

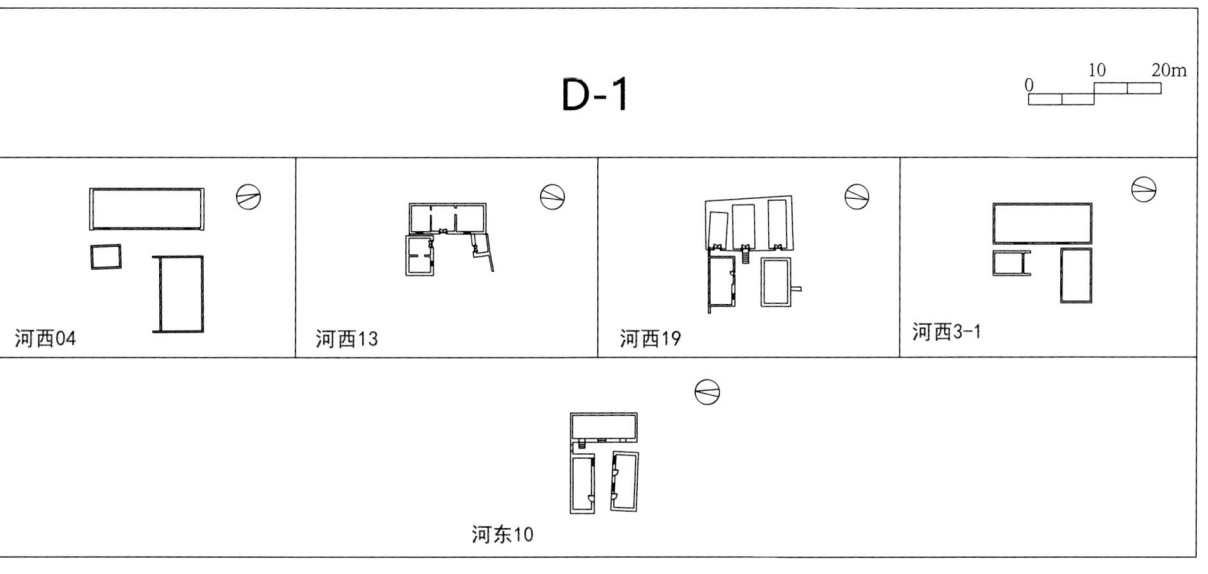

图 3-25　D-1 型平面形态

D 型共有二十处，其中 D-1 型有五处：河西04、河西13、河西19、河西3-1、河东10。

D-2型有十三处,分别是:河西08、河西09、河西20、河西24、河西25、河西26、河西28、河西29、河西32、河西3-2、河东04、河东11、河东18。

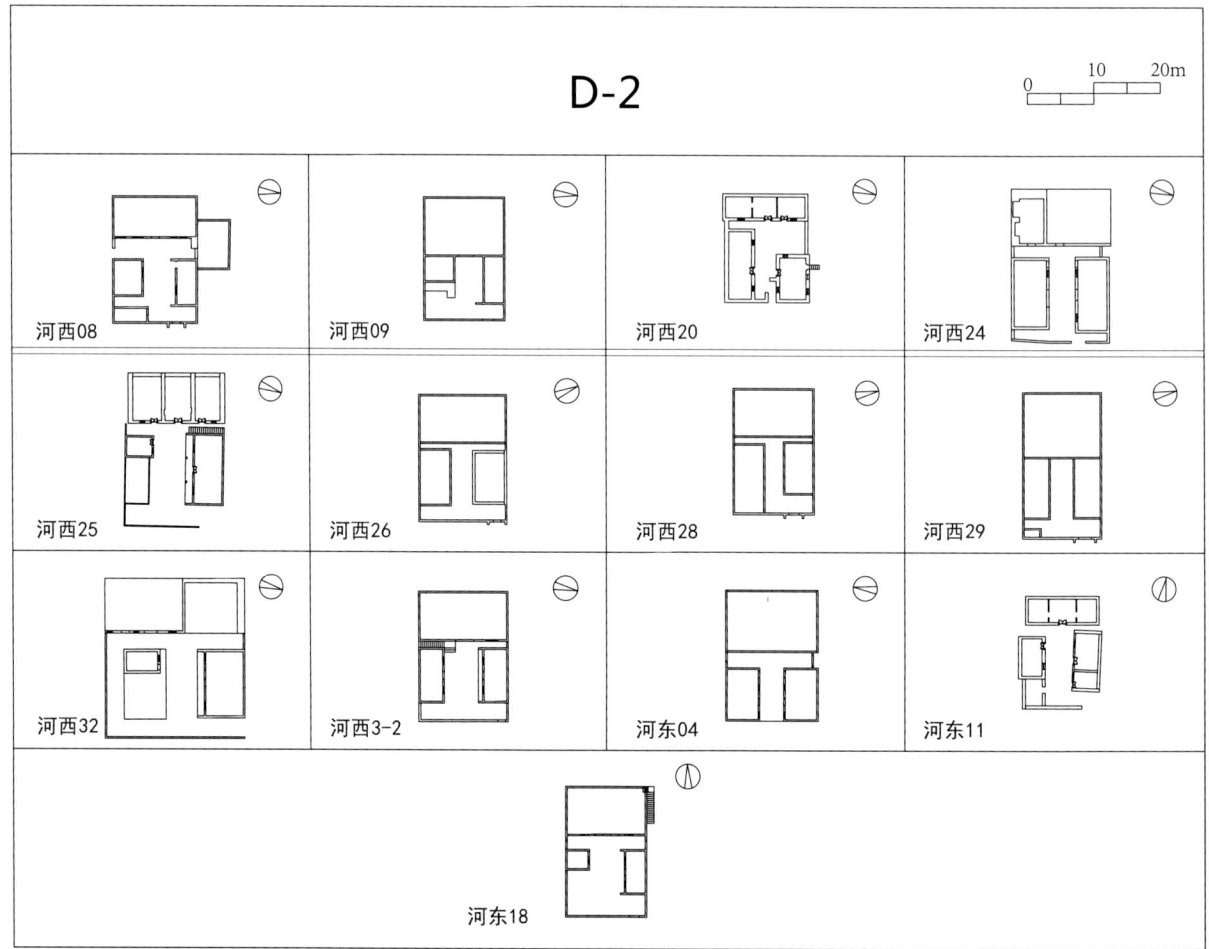

图 3-26　D-2 型平面形态

D-3型，全村仅有一例，河东06。

D-4型，全村也仅有一例，河西17。

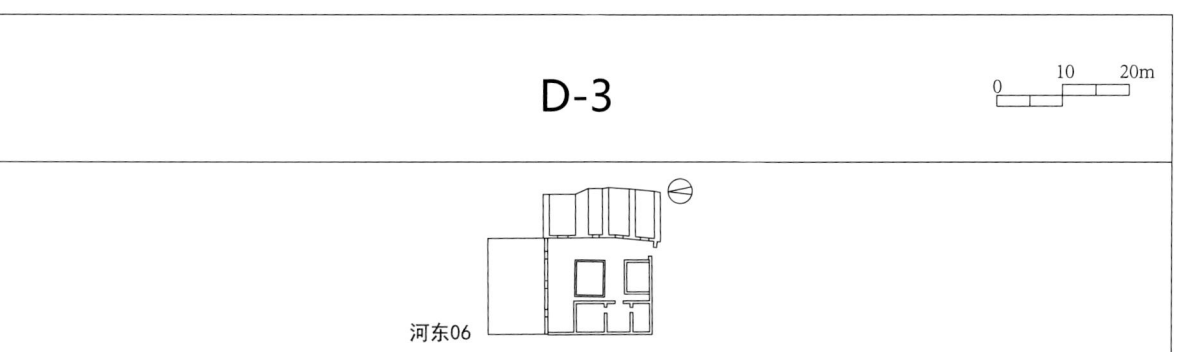

图 3-27　D-3 型平面形态

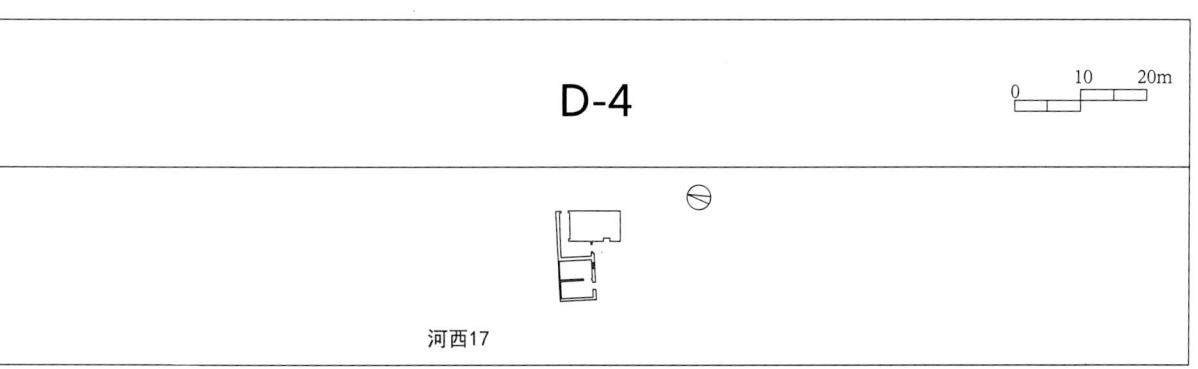

图 3-28　D-4 型平面形态

第五类 E 型，平面形态呈"口"字形，是由正房、左右厢房、临街房以及围墙围合构成的封闭四合院落，与常见四面围合的"四合院"相同。E 型共有五处，分别是：河西11、河西12、河西15、河西16、河东12(如图3-29)。

第六类 F 型，平面形态呈"日"字形，是在四合院的基础上，在厢房临近临街的山墙上加建隔墙，隔墙中间设门构成二进四合院，与前述"二进"院相同。F 型全村仅有一处，河西18（如图3-30）。

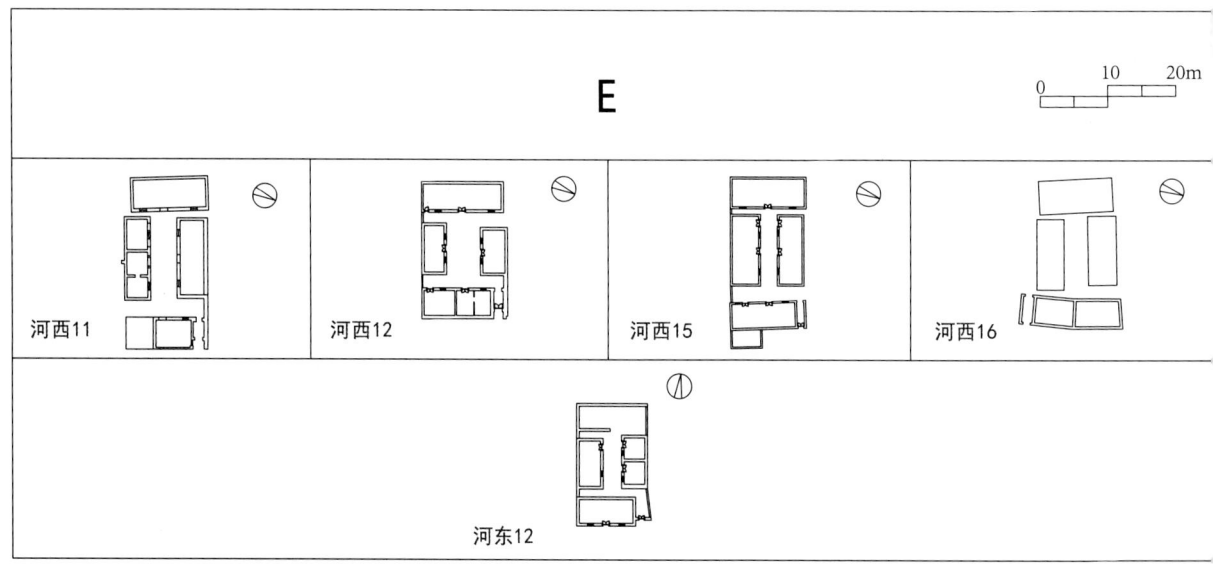

图 3-29　E 型平面形态

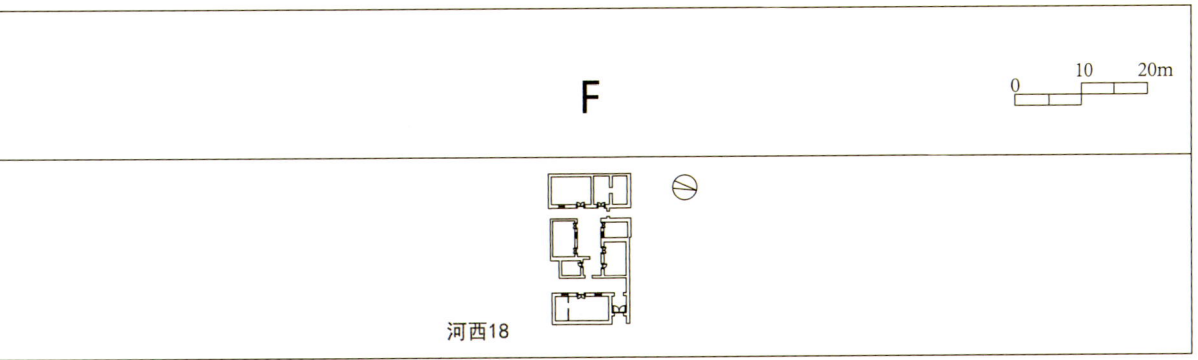

图 3-30　F 型平面形态

（四）柏石崖民居的朝向

从自然采光的角度考虑，建筑一般坐北朝南，以便最大限度取得良好的日照效果。然而，柏石崖民居大都面向沿南北轴向的河沟排列，大部分民居没有采取坐北朝南的平面布局。如果在平面图上把每一座院落的上房，从中心画出一条中轴线，并将中轴线向后延长，直至与背后最邻近山体的等高线相交，再找出等高线过交点的相切线，再计算切线与中轴线的夹角，可以看出，角度接近90°，说明建筑布局体现"依山而建"的特点（见表3-1、表3-2）。由此，柏石崖民居大多以"依山面水"的形式排列，河沟左侧的院落大多采取"坐东面西"，河沟右侧的院落大都采取"坐西面东"的平面布局形态。

表 3-1　河西建筑朝向及与山体夹角

建筑编号	建筑朝向角度	建筑与山体的夹角
河西 01	东偏南 36.186°	9.752°
河西 02	东偏南 37.189°	23.978°
河西 03	东偏南 36.011°	21.000°
河西 04	东偏南 14.578°	2.074°
河西 05	东偏南 13.504°	17.618°
河西 06	东偏南 17.295°	1.308°
河西 07	东偏南 39.699°	38.382°
河西 08	东偏北 5.681°	4.254°
河西 09	东偏北 4.833°	2.444°
河西 10	东偏南 2.031°	9.079°
河西 11	东偏北 25.997°	4.885°
河西 12	东偏北 24.173°	1.322°
河西 13	东偏北 15.291°	12.925°
河西 14	东偏北 22.912°	1.301°
河西 15	东偏北 21.653°	12.222°
河西 16	东偏北 22.165°	8.040°
河西 17	东偏北 16.922°	0.061°
河西 18	东偏北 14.042°	3.905°
河西 19	东偏北 15.834°	4.084°
河西 20	东偏北 15.071°	0.252°
河西 21	东偏北 19.104°	3.536°
河西 22	东偏北 19.104°	5.846°
河西 23	东偏北 13.140°	25.119°
河西 24	东偏北 14.979°	38.688°
河西 25	东偏北 19.677°	37.987°
河西 26	东偏南 23.344°	9.180°
河西 27	东偏南 23.344°	12.545°
河西 28	东偏南 11.387°	13.305°

（续表）

建筑编号	建筑朝向角度	建筑与山体的夹角
河西 29	东偏南 12.566°	11.923°
河西 30	东偏南 14.016°	7.266°
河西 31	东偏北 38.314°	24.499°
河西 32	东偏北 14.864°	8.547°
河西 2-1	东偏北 11.008°	6.723°
河西 2-2	东偏北 13.764°	14.971°
河西 2-3	东偏北 16.364°	10.088°
河西 2-4	东偏北 20.922°	6.841°
河西 2-5	东偏北 21.581°	3.752°
河西 2-6	东偏北 12.760°	4.160°
河西 2-7	东偏北 6.995°	12.756°
河西 3-1	东偏北 7.778°	0.906°
河西 3-2	东偏北 12.184°	23.733°
河西 3-3	东偏北 12.548°	17.335°
河西 3-4	东偏北 12.299°	6.032°
河西 3-5	东偏北 12.972°	13.639°
河西 3-6	东偏北 10.600°	15.958°
河西 3-7	东偏北 10.480°	14.730°
河西 3-8	东偏北 10.480°	7.907°

表 3-2 河东建筑朝向及与山体夹角

建筑编号	建筑朝向角度	建筑与山体的夹角
河东 01	北偏西 8.679°	10.959°
河东 02	北偏西 41.755°	6.039°
河东 03	西偏南 3.924°	4.848°
河东 04	西偏南 7.632°	9.830°
河东 05	西偏南 19.479°	3.972°

（续表）

建筑编号	建筑朝向角度	建筑与山体的夹角
河东06	西偏北2.121°	31.807°
河东07	西偏北3.249°	18.500°
河东08	西偏南8.175°	38.191°
河东09	西偏北23.584°	21.948°
河东10	西偏南4.236°	6.065°
河东11	西偏南6.982°	5.826°
河东12	西偏南7.231°	2.719°
河东13	西偏南8.747°	0.177°
河东14	西偏南9.235°	0.484°
河东15	西偏南6.397°	5.453°
河东16	西偏南13.174°	11.626°
河东17	西偏北3.625°	27.722°
河东18	西偏南2.110°	25.669°
河东19	西偏南1.849°	4.046°
河东20	西偏北3.528°	5.171°

三、柏石崖民居的屋顶形态

对于建筑意匠，宋代人喻皓将其总结为"三分说"，即："自梁以上（指屋顶）为上分，地以上（指屋身）为中分，阶（指台基）为下分。"[1]

近代建筑宗师梁思成先生更是指出中国建筑的"三段式"特征，即

---

[1] 刘大可：《中国古建筑瓦石营法》（第二版），中国建筑工业出版社，2015，第1页。

传统建筑一般分为屋面、墙体、台基三部分。柏石崖民居的台基全部采用石材砌筑，整体上差异不明显。然而三段中的墙体与屋顶部分则体现出相互间明显的差异，对建筑形象的影响起到举足轻重的作用。为了进一步理解柏石崖民居的特色，将柏石崖民居的建筑按屋顶形态、墙面材质的不同进行进一步分析。

柏石崖民居的屋顶大致可分为硬山式抬梁结构的坡屋顶、拱券结构的平屋顶及钢筋混凝土楼板结构的平屋顶。

（一）硬山式抬梁结构的坡屋顶

1. 传统硬山式抬梁结构的坡屋顶

在传统抬梁结构坡屋顶建筑的"三段式"中，给人印象最深的莫过于三段式最上面的屋顶部分。在清代，屋顶的样式有硬山、悬山、歇山、庑殿、攒尖、平顶（平台屋面）六个基本形式。从外观上看柏石崖民居中的坡屋顶建筑属于硬山形式，但仔细观察发现与常见的硬山式坡屋顶仍有少许不同。

硬山建筑是古建筑中最普通的形式之一，在住宅、园林、寺庙中都大量存在，常见的形式有七檩、六檩、五檩。七檩前后廊式建筑是民居中体量最大、地位最显赫的建筑，常用它来作主房，有时也用作过厅。六檩前出廊式建筑一般用作前廊后无廊式的正房，也用作带廊子的厢房、配房等。五檩无廊式建筑，一般用作厢房、配房，也有被当作正房使用的（如图3-31）。

常见的硬山建筑屋面有前后两坡，左右两侧山墙与屋面相交，并将檩木梁架全部封砌在山墙内。硬山式抬梁建筑的骨架主要由柱、梁、枋、檩木以及椽子、望板等基本构件组成。抬梁式构架（五檩无廊式建筑）是将整个进深长度的大梁放置在前后檐柱柱头或前后檐墙上，梁端部上置檩条，大梁上前后各收进一步架的位置设置两根瓜柱，瓜柱顶端放置稍短的二梁，梁端部上置檩条，最后在最高的梁上设置脊瓜柱，构成三角形的二梁五檩木构架（郑州市多俗称之为"二梁起架"）。椽子是屋面木基层的主要构件，屋面上椽子分为若干段，每相邻两檩为一段，屋檐并向外挑出的为檐椽，在各段椽子中，檐椽最长，檐椽头部都有横木相联系，称为连檐。在椽子上面铺钉望板，望板也是木基层的主要部分，屋面木基层之上是灰泥背和瓦屋面部分。

2. 硬山式叉手结构的坡屋顶

除常见的抬梁式结构以外，郑州市还有一种被当地人称为"叉手"

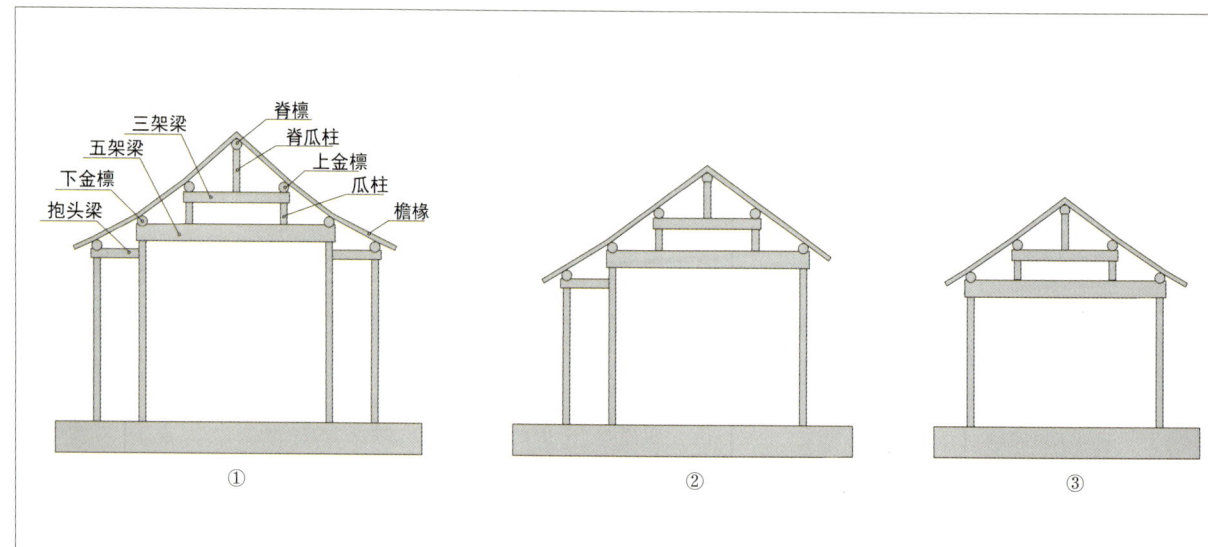

图 3-31　常见硬山建筑檩架分配示意

结构的抬梁式构造。

叉手结构的抬梁式构架一般是在前后檐墙上直接架横梁，梁两端上部放置檩条。梁上设人字形叉手木，叉手上架檩，檩上再搭椽条铺苫背，叉手木两端以横梁相连，以解决水平推力。此种梁架结构简单，各构架基本不受弯力，只受压力或者拉力，大大减小了大梁的尺寸，主要是为了省去"二梁"，减少木材的使用。郑州市有叉手式构建分布的地区有"叉手支住墙，麻秆能当梁"的俗语。该形式主要出现于近现代的民居建筑中，是受经济及木材短缺等因素影响而产生的。最简洁的叉手式构架，其人字形叉手木一般选用斜直或有一定曲度的自然材。叉手木与檩条的搭接是在叉手木需要搁置檩条的地方挖出凹槽或钉一块楔形木块与叉手木形成夹角，以固定檩条。另外还有在前后金檩处各增加一根小叉手木，与两侧斜木榫卯交接，形成大小三对叉手承接檩条。此种梁架形式较上述简洁型更为稳定（如图3-32）。

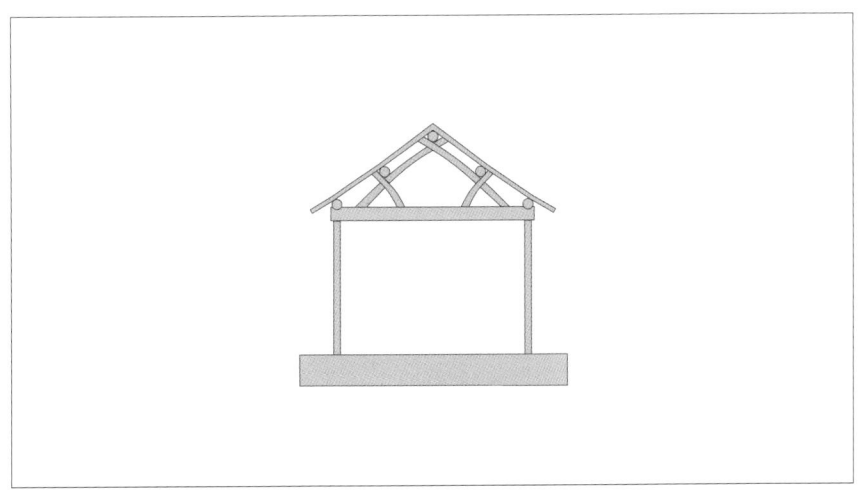

图3-32 常见叉手式建筑檩架分配示意图

3. 柏石崖民居中的木构架特色

柏石崖民居中硬山式抬梁结构的坡屋顶建筑与以上木构架结构略有不同，先以硬山式抬梁结构为例进行比较。"二梁起架"是将整个进深长度的大梁放置在前后檐墙上，梁端上部却未放置檩条，大梁上前后各收进一步架的位置设置两根瓜柱，瓜柱顶端放置稍短的二梁，梁端上置檩条，最后在最高的梁上设置脊瓜柱，再在脊瓜柱上设置脊檩，构成三角形木构架。这一部分与常见的硬山式抬梁结构的坡屋顶建筑基本相同。屋面上椽子也同样分为四段，每相邻两檩为一段，檐椽用于屋檐向外挑出。只是大梁两端上未设置檩条，而檐椽直接搭在前后檐墙上，檐椽头部也有横木相联系（如图3-33之①、3-34）。也有一部分坡屋顶建筑的檐椽搭在前后檐墙上，檐墙用石料、砖封檐，将椽头封闭在屋檐内。

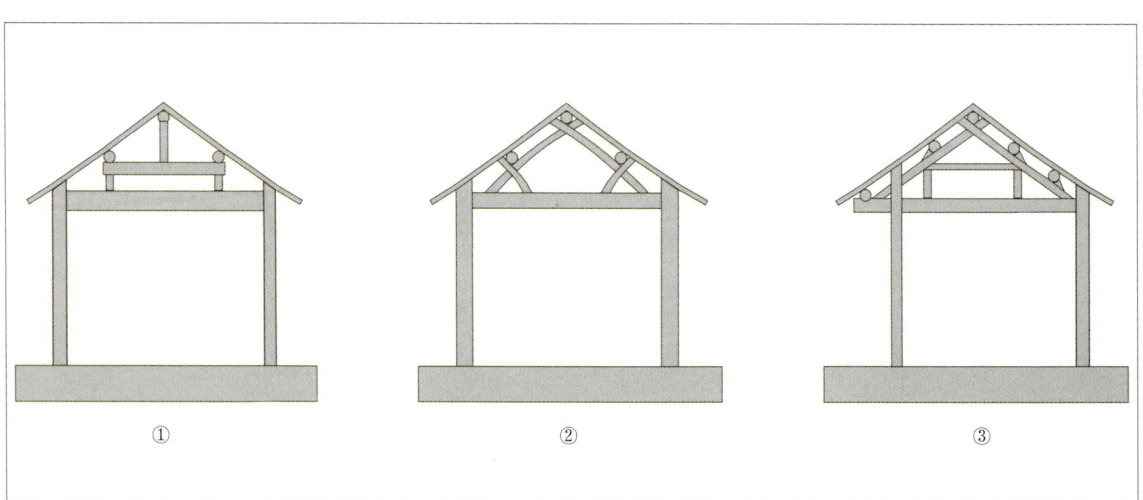

图3-33 柏石崖硬山建筑檩架分配示意图

柏石崖硬山式抬梁结构的坡屋顶建筑中的叉手构架一般也是在前后檐墙上直接架横梁，横梁上架设人字形叉手木，叉手上架檩，叉手木两端以横梁相连，其前后金檩处各增加一根小叉手木，与两侧斜木榫卯交接，形成大小三对叉手承接檩条，这一点与郑州市区常见的叉手式构架基本相似。然而，与上述"二梁起架"相同，架设在前后檐墙上的横梁两端上部也未放置檩条，而仅仅只有三对叉手上设置檩条，支撑椽木。在对村内熟知建筑的老人进行采访后得知，此种做法主要是因为柏石崖虽地处山区，植被资源丰富，但却少有笔直挺拔的木材，为减少木材的使用，柏石崖的坡屋顶建筑中，基本都是采用这样省去放置在前后檐墙的大梁两端上的檩条，而将椽木直接搭建在前后檐墙上的做法（如图3-33之②、3-35）。另外还有一种是在后檐墙上架横梁，横梁前段超出建

图 3-34　二梁起架构架

图 3-35　叉手构架

筑物正面墙体一部分，顶端设置檩条，横梁上架设人字形叉手木，叉手上架檩，临近后墙的叉手上分别钉两块楔形木块与叉手木形成夹角，以固定两根檩条。前端叉手上钉一块楔形木块与叉手木形成夹角，固定两根檩条。共设置五根檩条。此种做法据说是为了在房屋正面形成回廊而采用的方法。这种建筑形式在柏石崖的坡屋顶建筑中出现时间最晚，数量最少（如图3-33之③）。

硬山式抬梁结构的坡屋顶建筑中的一部分建筑用石料或砖将椽头封在前后檐墙内，除可防止雨水、湿气对椽头的腐蚀之外，主要是为了防火。原因是中华人民共和国成立前，土匪放火烧村，而檐椽椽头是最易引火的部位，大火中未封前后屋檐的瓦房及草房基本焚烧殆尽，损失惨重，村民们出于对灾害的反思及防范，在后续建设的坡屋顶建筑中基本采用以砖、石封前后屋檐的做法（如图3-36、3-37）。

图 3-36 用石料封屋檐的建筑例

图 3-37 用砖封屋檐的建筑例

4. 屋面层次

硬山式建筑的骨架是由柱、梁、枋、垫板、檩木以及椽子、望板等基本构件组合而成。郑州市的木构架上面是屋面木基层，屋面木基层之上是灰泥背和瓦屋面部分。

椽子直接承受屋顶荷载，郑州市常见的有圆椽与方椽，一般比较规整。也有使用简单处理的自然材呈不规则形的椽子。一般在房屋的椽子上面铺钉望板，经济条件较好的人家在建房时会铺设望砖、望瓦，简陋的民房有时还常以席箔代替望板铺钉在椽子之上。铺设望砖室内效果优于望瓦，富裕人家还会用刻有铜钱、万字符的望砖组成图案，或者在望砖表面绘制八卦图案，等等。

在登封的调研中，可以看到如登封市君召民居中印刻有铜钱图案的望砖，以及使用万字符望砖的建筑实例（如图3-38、3-39）。登封市大金店民居中所见的望瓦也是民居中较为常见的形式，而铺设席箔代替望板更是一种经济实惠的做法，在一般民居中较为常见（如图3-40、3-41）。

中国北方地区广为分布的荆条，在柏石崖村也极其常见，多生于山地阳坡上，形成灌丛，唾手可得。村民们常用荆条编制荆笆，代替望板铺设在椽子上，上面覆以黄泥，表面用青瓦覆盖，相对于望板取材便宜且更为经济实惠（如图3-42、3-43）。

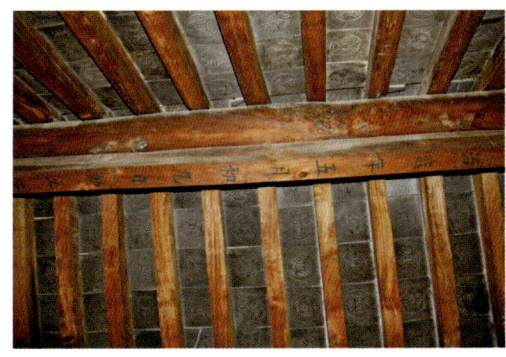 

图 3-38　登封市君召民居中的望砖　　　　图 3-39　登封市君召民居的万字望砖

图 3-40　登封市大金店民居中的望瓦　　　　图 3-41　登封市大金店民居中的席箔

图 3-42　登封市徐庄镇民居中的望板　　　　图 3-43　登封市大金店民居中的荆笆

5. 干槎瓦屋面

干槎瓦屋面是郑州传统民居应用最为普遍的屋面形式（如图3-44）。这种屋面只用仰瓦相互错缝搭接摆放，以上下瓦压四留六或压七留三为准则，其用料省，自重轻，只要木架不变形，泥背不塌陷，就不易漏雨。柏石崖的硬山抬梁式屋面全部是采用干槎瓦屋面。

图3-44　干槎瓦屋面的房屋

图 3-45　柏石崖的实脊

6. 屋脊

郑州传统民居的屋脊形式多样，繁简不一，正脊与垂脊主要有实脊、花瓦脊两种类型。经济条件较好人家的实脊常用高浮雕刻花卉、文字、人物作为装饰，柏石崖的实脊几乎看不到任何装饰（如图3-45、3-46）。花瓦脊在郑州市也非常普遍，特别是东部平原地区。其形式活泼多变，且有效减轻了屋脊的重量，对于结构及降低造价都十分有利，花瓦脊也是柏石崖最常见的屋脊形式（如图3-47、3-48）。

图 3-46　柏石崖的实脊

图 3-47　柏石崖的花瓦脊

图 3-48　柏石崖的花瓦脊

7. 屋顶的封檐

封檐的做法，根据房屋主人的经济实力及房屋的等级，繁简不一。在郑州西部山区，最为简洁的封檐形式是只用一层薄石板砌成的直檐，外挑尺寸要大于普通的砖檐。柏石崖早期封屋檐的建筑主要使用薄石板砌成的直檐的方式（如图3-49），后来也有用青砖以及红砖封檐的情况（如图3-50）。

8. 屋顶的封山

作为常见的古建筑屋顶构造方式之一的硬山式，其最大的特点就是将檩木全部封砌在山墙内，左右两端不挑出山墙之外。

柏石崖村的硬山式民居建筑，将椽头封在前后檐墙内，以及将搭在山墙上的檩头用石、砖封闭在山墙内（如图3-51、3-52），其目的都是为了防火及防止雨水、湿气对椽头与檩头的腐蚀。柏石崖硬山式民居建筑的封檐、山墙大多没有装饰，几乎仅仅是满足了基本的功能需求，简朴实用。

图 3-49　用石板封檐的屋顶

图 3-50　用砖封檐的屋顶

第三章　柏石崖的空间布局及民居建筑

图 3-51　石砌山墙

图 3-52　砖砌山墙

（二）拱券结构的平屋顶（窑洞民居）

1. 郑州市的窑洞民居

河南西部地区是我国窑洞民居的六大分布区之一，自20世纪80年代以来窑洞民居得到了国内外学者的广泛关注。除合院式民居以外，该区域也是河南境内窑洞与合院式民居相结合民居形式的主要分布区，其村落、民居形式反映出典型的地域特征。郑州市位于中国窑洞民居分布区东南边缘地带，坐落在黄土高原和豫东平原相接地带，在市区西部形成一道十分明显的分界。郑州市西部各地直至西部郊区在嵩山的北侧，北临黄河，南北宽度约50千米，是原生堆积的黄土塬。其间围绕河流有众多冲沟，其中分布的窑洞形式有被学术界称为靠山窑（靠崖式）、天井窑（下沉式）、明箍窑（砌筑式）等类型。

（1）靠山窑

靠山窑是依天然地形适当修整黄土山崖后横向挖窑，并在窑前建房，最终建成窑房结合的封闭院落才被视为完整的院落。巩义、荥阳、上街、新密是郑州窑洞民居的主要分布区，窑洞的形式以靠山窑为主。

（2）下沉式窑洞

下沉式窑洞是在没有可直接利用的黄土山崖时，先向下挖一个方地坑，四周形成直壁，然后再依据需要开凿可供居住生活用的窑洞。郑州的下沉式窑洞主要分布在巩义市西南部，如入选第二批河南省传统村落名录的西村镇东村下沉式窑洞。

（3）明箍窑

明箍窑是在平地上直接用砖石土坯等发券砌筑而成，主要是地势平缓、黄土堆积层浅薄或岩石外漏等不具备开挖窑洞的地方常见的窑洞形式。登封处在嵩山南坡及群峰之中，大部地区岩石突露，仅在南部颍河谷地和嵩山东坡存在薄层黄土堆积，整个登封黄土窑洞分布数量不多。在无黄土堆积层的地区，则是利用石料等临山造窑，窑前建房或围墙形成院落。位于登封南部山区的柏石崖村就处于黄土堆积层较薄的地区。

(4) 窑房结合的民居

窑房结合的民居是从民居院落的平面组合形式上来看，由利用山势开凿的靠山窑洞或平地上砌筑的明箍窑洞，结合抬梁式房屋等构成院落的空间构成形式。一般也是按中国传统合院的空间序列布局，以靠山开挖的靠山窑或在平地上砌筑的明箍窑洞作为上房，与厢房、倒座或抬梁式构架的房屋等组合构成院落，是郑州有窑洞分布地区常见的院落构成形式。依经济条件及使用需求，也可建起规模宏大、装饰华丽的多进院落。入选全国重点文物保护单位的康百万庄园、张祜庄园、刘振华庄园等就是该地区乃至中原地区保存比较完整、建筑质量好、防御功能完善的典型代表。

随着黄土高原的结束，京广铁路以东窑洞民居几乎不存在。除整体列入文物保护单位、历史文化名镇名村、传统村落的康百万庄园、张祜庄园、刘振华庄园、方顶村、柏石崖村、东村等的靠山窑、天井窑院、窑院结合民居以外，在河南省第三次全国文物普查中列入不可移动文物名录的窑洞民居数量不多。

2. 柏石崖村的明箍窑洞

（1）石材砌筑的明箍窑

位于登封南部的柏石崖村没有黄土堆积层，柏石崖村的窑洞属于平地上砌筑的明箍窑洞。村民就地取材利用石料建造石拱窑洞，石拱承重，石拱顶部掩土撒上麦秸，再用石磙碾轧，如此反复，以确保洞顶不漏雨。

柏石崖村目前现存的传统建筑中，建造年代最早的便是一孔坐北面南横向砌筑的单孔石砌窑洞（河东13），室内约三间大小，向阳面中间开门，两侧开窗，与其他窑洞的形态截然不同。据村中80岁以上老人描述，该窑洞至少有二百年以上历史（如图3-53）。

图3-53 被认为最早的横向石砌窑洞

其他石砌窑洞基本都是纵向砌筑，三孔排居多（如图3-54至3-56），多用作上房，也有少数用作厢房，多在窑前建房构成窑房结合的院落。

柏石崖村平地上砌筑的明箍窑洞，从其与地形的关系上看，大致可分为三种类型。

图 3-54　面宽三间的石砌窑洞

图 3-55　面宽三间的石砌窑洞

图 3-56　面宽三间的石砌窑洞

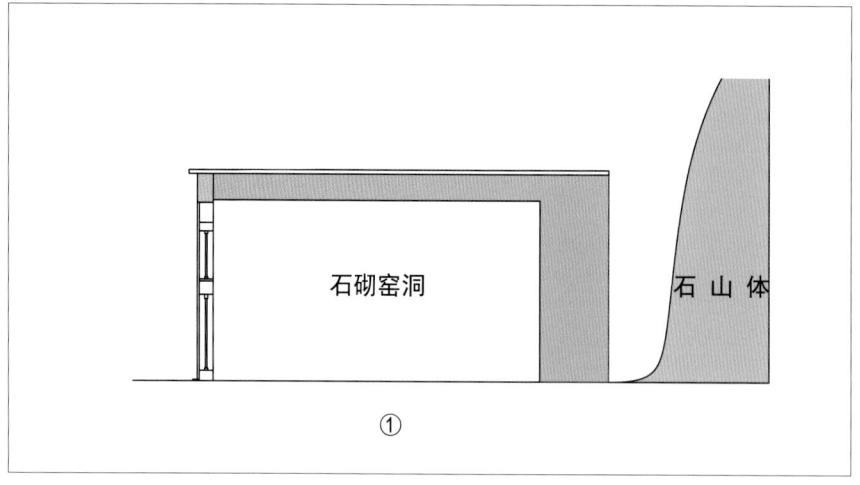

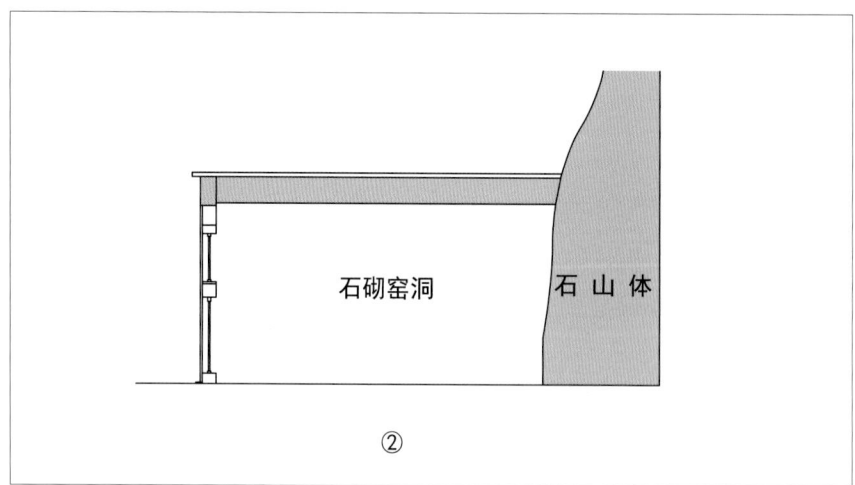

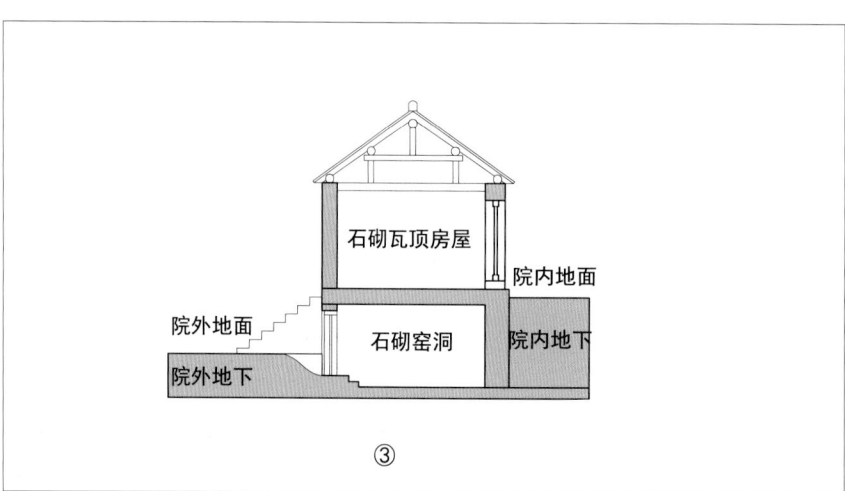

图 3-57　柏石崖的窑洞示意

第一种，是距离山体或坡地有一定的距离，在前方用石料建造纵向的三孔联排石拱，石拱顶部掩土撒上麦秸，再用石磙碾轧成平顶，后面用石料封口，前面留出门窗，同样用石料封口的明箍窑洞。可将其称为"临山窑洞"形式（如图3-57之①、3-58至3-61）。

图 3-58　临山窑洞

图 3-59　临山窑洞

图 3-60　临山窑洞内部

图 3-61　临山窑洞内部

第二种，是直接贴着较为平整的山体，同样在前方用石料建造纵向的三孔联排石拱，石拱顶部掩土撒上麦秸，再用石碌碾轧成平顶，后面不需用石料封口，山体即为窑洞的后内壁，前面留出门窗，同样用石料封口的明箍窑洞。可将其称为"贴山窑洞"形式。"贴山窑洞"相对于"临山窑洞"而言，省工省料，更加经济实惠（如图3-57之②、3-62至3-66）。

图3-62　贴山窑洞

图 3-63　贴山窑洞　　　　　　　　　　　图 3-64　贴山窑洞

图 3-65　贴山窑洞内部　　　　　　　　　图 3-66　贴山窑洞内部

图 3-69　上房下窑洞

图 3-70　上房下窑洞

第三章 柏石崖的空间布局及民居建筑

图 3-71 上房下窑洞

图 3-72　上房下窑洞　　　　　　　　图 3-73　上房下窑洞

(2) 红砖砌筑的明箍窑

柏石崖的明箍窑洞中,早期建造的基本都是以石材为原料。在20世纪80年代前后,红砖作为当时的新建筑材料开始普及,村民们在建房时也开始使用红砖为主要材料,或与石材结合砌筑明箍窑洞,相对石材而

图 3-74 红砖砌筑的明箍窑内部

图 3-75 红砖砌筑的明箍窑外部

言，红砖较为节省人力成本，但价格高于石材（如图3-74）。另外，建成之后用水泥、瓷片等材料对其外部进行保护与装饰，也渐渐地开始影响到柏石崖村的整体传统风貌（如图3-75）。

（三）钢筋混凝土楼板结构的平屋顶

钢筋混凝土楼板的平屋顶，是近些年才出现在柏石崖村的"新建筑"。相对于传统坡屋顶房屋及窑洞而言，用村民的话说，具有建造简单、室内不潮湿、采光好、通风性能较好等优点，但冬天冷夏天热，与传统坡屋顶房屋及窑洞相比各有利弊，较受年轻人青睐。另外在表面贴饰瓷片，对建筑本体起到了保护与装饰作用。然而，其外观与柏石崖村的传统风貌格格不入，弱化了村落的整体特色（如图3-76、3-77）。

图 3-76　钢筋混凝土楼板结构的平屋顶

图 3-77　钢筋混凝土楼板结构的平屋顶

四、柏石崖民居的墙面材质

墙体在传统建筑中不仅是重要的承重结构，更是最主要的围护结构，它不仅要具备防卫、保温、隔热等基本的功能要求，还要考虑经济性的问题。

郑州市常见的墙面主要有石墙、砖墙、土坯墙及混合材料墙等。山区民居常用石墙。郑州西部低山丘陵地区多用毛石、卵石及条石砌筑基础。靠近河流的村落多用卵石砌墙。

用砖砌筑的墙体平整美观且防水耐磨，但相对来说，砖的制作过程复杂，成本较高，一般从房屋用砖量的多少可以看出该户人家的经济实力。为求美观，常常在房屋可见的主立面使用整砖墙或在重点部位用砖砌筑，而在其他侧面则混合其他材料砌筑墙体。

土坯墙多分布于黄土丘陵地区，是用生土砖砌筑的墙。土坯的制作方法是将黏土掺水闷一段时间，待其不干不湿时，反复和匀后填入模子，经捣实成型后，去掉模子晒干即成。在郑州的传统民居中，由于土坯的制作方法简单易于操作，各户可自己动手而不必聘请工匠，经济、便利，土坯墙的使用频率较高。柏石崖所在地区黄土堆积层较少，在柏石崖没有用土坯砌筑墙体的情况。

混合墙是由砖、生土与石材混合搭配砌筑的墙体，可两两搭配，也有三材并用，充分发挥各材料的优势，形成经济适用又形式各异的外墙形式。柏石崖村砖石混合使用的情况也较常见。

柏石崖村内的建筑，整体上看是以石材居多。根据村民描述，最初大多是茅草屋，但是茅草屋容易失火，后来出于安全考虑开始用附近山上的石头来砌窑洞，之后随着收入的提高以及新材料的出现，开始用红

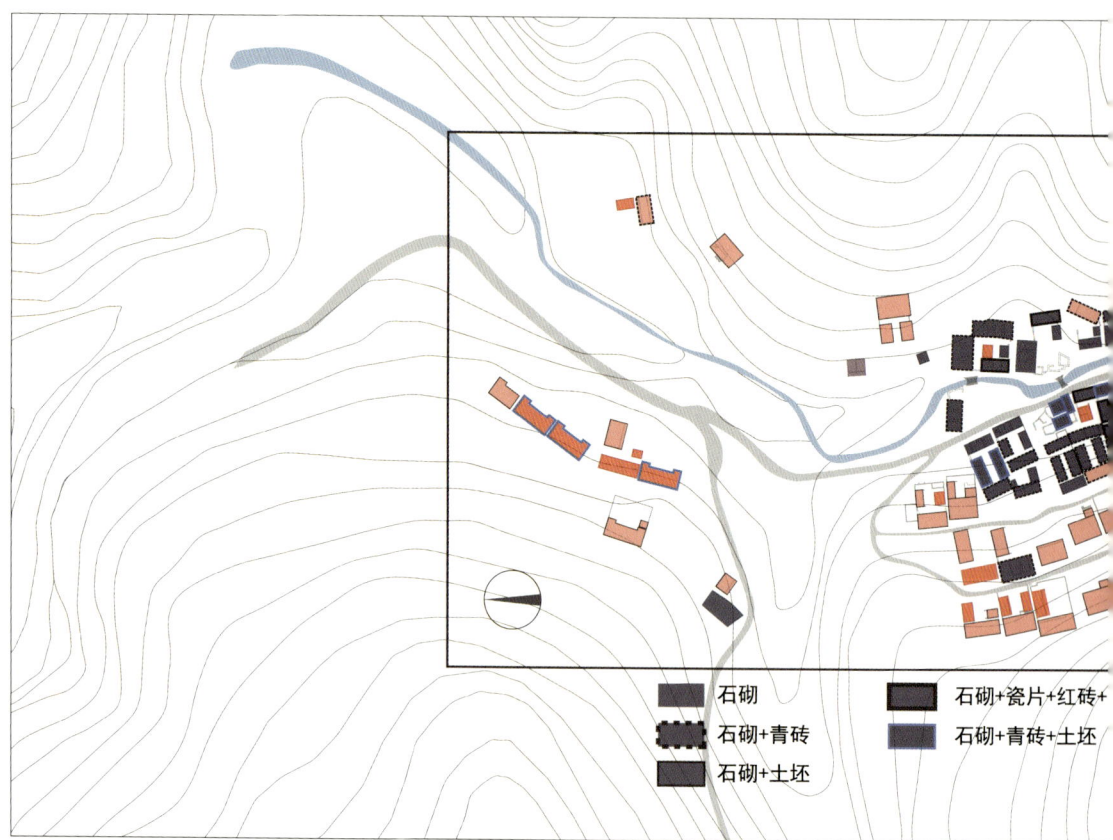

图 3-78　建筑墙面材质分布

砖及砖石混合建房。再以后村民为了美观及对建筑本体的保护，开始在房屋外墙用水泥、干粘石及瓷片等饰面。整体上来看，起初柏石崖村都是沿河、围绕最早的水井建造房子，后来因为建房需要开始向南北两端及后排建房，所以现在的柏石崖传统样式房屋大多分布在河流两边离最老的古井不远的地方，红砖房以及用水泥、干粘石、瓷片等饰面的房屋基本都在南北两端及后排。可以看出，柏石崖建筑的墙面多种材料混合使用的情况较多（如图3-78）。据村民介绍，受当时经济条件的限制，很多房屋在建造时，并不是一次完成，而在需要时或有条件时建造一部分，

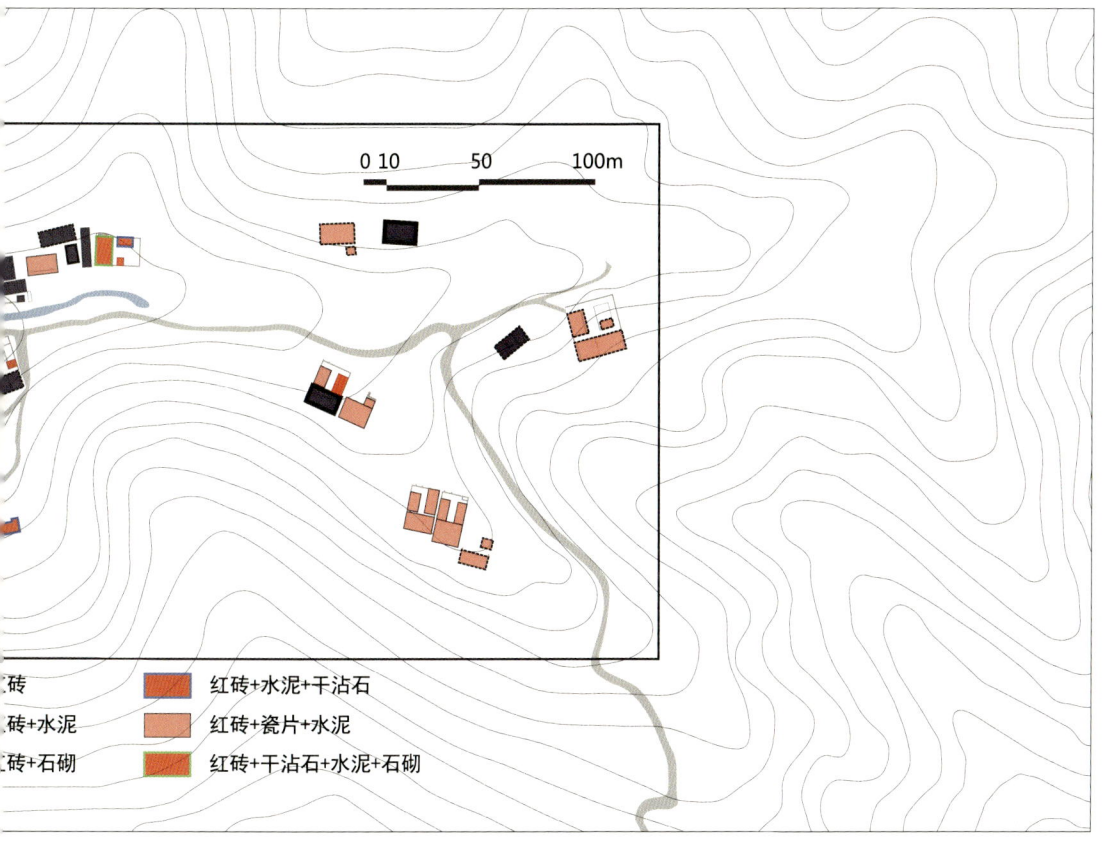

后续再根据需要或经济条件分批次建造。因此，常有在不同时期用不同材料续建加建的情况。另外，在对房屋进行修缮或装饰时，在老房子的基础上陆续应用了新的材料，修修补补也是常事。受环境、经济条件的影响，显示出一定的随机性。

对材质进行整理，分为11类（如图3-79）：

1. 石砌

2. 石砌 + 青砖

3. 石砌 + 土坯

图 3-79　建筑墙面材质

4

8

4. 石砌 + 瓷片 + 红砖 + 水泥

5. 石砌 + 青砖 + 土坯

6. 红砖

7. 红砖 + 水泥

8. 红砖 + 石砌

9. 红砖 + 水泥 + 干粘石

10. 红砖 + 瓷片 + 水泥

11. 红砖 + 干粘石 + 水泥 + 石砌

五、柏石崖民居的建筑装饰

"三雕"（石雕、木雕、砖雕）艺术作为古代民居建筑艺术的重要组成部分，不仅对建筑起到装饰作用，同时也突显户主的身份和兴趣爱好。"三雕"艺术有趋吉避凶，追求美好，祈求家庭幸福美满、财运亨通、家族成员健康长寿等作用。

郑州传统民居建筑的装饰没有过多的堆砌装饰元素，较为简繁有度、对比强烈，整体朴素而又不单调。装饰的题材以花草、灵兽、锦纹图案、文字、人物故事等为主要内容。"图必有意，意必吉祥"是民居装饰纹样的宗旨。人们在自家房屋有限的装饰图案中，表达自己真诚的祈求、美好的愿望及善良的祝福。

（一）木雕和砖雕装饰

在柏石崖村几乎找不到任何木雕与砖雕的装饰物。出于采光的需要，在窑洞或房屋的大门上方留出的亮窗等，几乎都是以简洁的棍条组合成几何形态的格子（如图3-80），仅有一例使用木板拉花镂空成花卉图案（如图3-81），作为亮窗装饰。除此之外没有任何多余装饰。

图 3-80 简洁的木窗

图 3-81　花卉图案的亮窗

（二）石雕装饰

柏石崖村地处深山，石头资源丰富，石质建筑物、构筑物随处可见，但用于装饰的石雕装饰并不多见，最常见的要数用于门楣装饰的石雕，多用简洁大方的花卉、几何图案等，也有用青春兴旺、年华似锦、四季如春、荣华富贵等字样的装饰（如图3-82至3-87）。

华丽精美、寓意深刻的精美雕刻，传递出村民们朴实的励志以及对美好生活最朴素的愿望与追求。

图 3-82 花卉图案

图 3-83 几何纹理

图 3-84 青春兴旺

图 3-85 年华似锦

图 3-86 四季如春

图 3-87 荣华富贵

六、柏石崖民居的发展变化及使用现状

（一）柏石崖姓氏构成

在我国传统社会里，村落有两种常见的结构类型：一种是"血缘村落"，另一种是"杂姓村落"。所谓"血缘村落"就是以一个姓氏为主，或是单一姓氏的"同姓村落"，或者叫"单一家族村落"，这种村落的特点是各个家庭以同一血缘为纽带相联系，各个家庭实际上是同一血缘的无数分支。在这种村落中，村落的事务都是由宗族或家族的族长或族里长老会进行管理与裁决。"杂姓村落"，即村落是由多个姓氏杂居在一处，形成同一地缘的居住形态。造成杂居的原因有战争、移民、灾荒、联姻等等。

柏石崖全村80户共220口人，以王姓居多，占80%以上。据村民讲述，柏石崖村原本共有王、徐、刘、甄、张五个姓氏，属于杂姓村落（如图3-88）。

图 3-88　柏石崖姓氏现状分布图

据说，徐姓搬来最早，甄姓最晚。徐姓人家大约在三百年前为躲避灾祸迁居至此，在柏石崖村定居后，先后经历繁荣、衰落。柏石崖村最古老的房子是徐家在家族发迹之时所建，居住近百年，后经营不善衰落，部分房产转卖给王家与甄家，之后徐家人迁往徐庄镇，目前柏石崖内徐家后人所留房产不多。柏石崖的王姓人家一共有两个家族，分居河东河西，河东的王家来自登封市告成镇范店村，河西的王家来自登封市卢店镇，都是为了躲避灾祸或逃荒而在柏石崖定居。两家族人口较以前有较大的发展。甄姓家族来自登封市唐庄镇，甄家迁居柏石崖后，先是购买了徐家的部分房产，后经几代经营，人口及房产有所发展。至于刘姓人家何时迁来，村内80岁以上老人也不得而知，只是知道在距今大约70年前，刘家便将房产转卖王家迁往徐庄镇居住了。张家的来历及时间也不清楚，河东10院为张家所有，然而目前人去屋空，部分房屋建筑已经坍塌。

至今，柏石崖实际只剩下王姓及甄姓两家族在村内居住，其中王姓占据了绝大多数。

（二）民居案例

柏石崖村各个时期的建筑，反映出建筑的发展过程，也反映出村落的发展历程。关于柏石崖村建造年代较早的民居，大多没有记载建设年代等信息的实物资料可考证，但仍可通过一些零星信息，以及村内老人的描述，获得一些主要院落的重要信息。另外，在调研过程中，发现一些院落与柏石崖村的几个主要姓氏的家族发展变化有着紧密的关系，基本能反映出柏石崖建筑发展变化的过程。

因此，我们试以村民们公认建造较早的民居为例，通过对现在的居民以及熟知村内情况的老人进行采访，来分析说明柏石崖民居的发展变化及其使用现状。以下文中所用的称谓是依据受访者按其家族辈分关系中对所描述房屋的使用者（所有者）的称呼，其中一部分用字母及编号表示辈分关系。

1. 河东11院（D-2型）

河东11、12院（如图3-89至3-93）的王姓人家来自登封市卢店镇，两个院落据说是王家迁到柏石崖时建造的老宅。

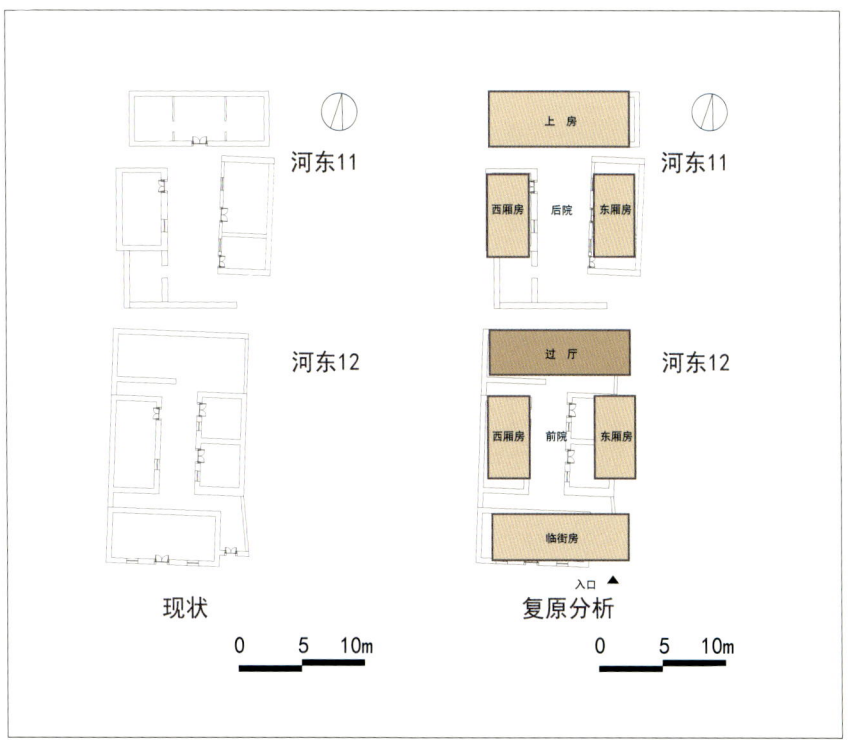

图 3-89 河东 11、12 院

河东11院，现存上房三间、东厢房三间、西厢房两间、临街房已不存在，经受访者（女主人，1951年生）指认遗迹清晰可辨。

据介绍，上房建造时间最早，按当地的建房习惯是先建上房后建东厢房，然后建西厢房，最后是建临街房。但该院上房建造年代已经无可考证，经几代人传述，当初是草房，经自己的老祖奶（曾祖母）翻修成瓦房，又经历自己的爷爷和孩子的爷爷（公公）两代人居住使用，自己这一代进行修缮，成为现在的样子。三间房中间为厅堂，右侧一间是房主夫妇的卧室，另外一间放置生活杂物。

东厢房是经房主爷爷修建，但又经自己父亲到自己这一代，共两代人使用，已经严重损坏坍塌，在1992年孩子结婚时翻建，作为新房使用。现有的东厢房共三间，靠近上房的两间为一室，中间没有隔墙，室内摆放着儿子结婚时使用的双人床及20世纪90年代初期流行一时的组合家具等。靠近临街的一间是厨房。

西厢房是受访者的爷爷于民国年间建造的硬山式抬梁结构的双坡屋顶建筑（当地称为"二梁起架"），面宽两间，靠近上房的一间开门，靠近临街的一间开窗，两间中间有木质的隔板分割，中间开门，将两间房屋分割成内外两室。内室相对封闭私密，曾作为卧室使用，外室相对开放，供起居使用。外室的屋顶椽木上写有"中華民國式拾壹年巳春月谷旦"（中华民国二十一年巳春月谷旦）字样，可以较确切地判断，该房屋是在1932年春天建造完成的，与房主的描述吻合。西厢房现已年久失修，无人居住，仅放置杂物和作为鸡舍使用。

第三章 柏石崖的空间布局及民居建筑

图 3-90　河东 11 入口及河东 12 后墙

图 3-91　正房及两厢房

图 3-92　西厢房

图 3-93　东厢房

按照当地的建房习惯，厢房也是先盖东厢房后盖西厢房，该院以前的东厢房和西厢房一样都是两间，外观完全一样。东厢房在1992年翻修时保留了原有老房子房基和一部分石头墙，基本在原有基础上用红砖将原来的两间房向临街房的一面扩建了一间，盖成现在的三开间房子。临街房在1992年拆除。河东11院房主夫妇、儿子夫妇和一个孙子两个孙女一家七口人曾经共同居住。柏石崖村的小学前些年裁撤以后，为了孙子孙女上学，房主的孩子一家五口迁至山下徐庄镇居住，现在该院仅剩下房主夫妇俩居住使用。

现在的河东11院与其前面的河东12院中间隔一过道，各自独立成院落。据受访者介绍，以前这两院原本是一家，在自己的老老爷（曾祖）时代是一大家族，四兄弟分家后前面分给两兄弟，后面分给两兄弟，形成现有格局。

2. 河东12院（E型）

现存临街房三间，东西厢房各两间，原有上房，但在十几年前垮塌，遗迹仍可辨认（如图3-94、3-95）。该院现在的房子由王、徐两户人家居住使用，其中临街三间为徐姓人家所有。王姓人家曾经在家里经济紧张时期（约一百年前）将临街房转卖给徐家，现在的临街房是徐家在三十多年前翻建成的"二梁起架"的瓦屋顶房屋。东西厢房为王姓所有，塌掉的上房也是王家所有。据王姓房主（50多岁）讲，房子有二百多年历史，在十几年前的连阴雨天突然坍塌，所幸当时没有人在场。

房主介绍，原先柏石崖全是草房，只有这家的过厅是瓦房，民国年间，禹县（现禹州市）匪兵侵犯柏石崖，放火烧房，由于当时村内的房屋大都是草木屋顶，大量房屋被烧毁。

图 3-94　河东 12 院

　　据房主介绍，河东 11 院与河东 12 院原本是一座二进四合院（如图 3-89）。第一进由三开间的临街房、对称各两间的东厢房和西厢房及正面的正房构成。正房是"二梁起架"三开间双坡屋顶建筑，是当时全村唯一的瓦顶房屋，作客厅使用，前后开门，通过房内可通向后面，因此叫作过厅，也叫过屋。过厅之后（现在的河东 11 院），正面是整座院落的上房，也是"二梁起架"三开间双坡屋顶建筑，与东、西侧的西厢房构成第二进院落。原来的院落结构与河东 11 院女主人描述一致。

　　该院（除临街房三间）曾经由房主的父母及兄弟四人、一个妹妹，

图 3-95　河东 12 院

共七人居住。后来兄弟妹妹陆续成家独立生活，纷纷迁往村外居住。房主的儿子也常年外出打工，目前院里仅剩夫妻俩与90多岁的父亲一起居住。徐家也早已迁往村外居住，徐家的三间临街房也暂时由王家打理使用。

3. 河西11院（E型）

河西的一户王姓家族来自登封市卢店镇。据村内80多岁的王姓老人介绍（以下简称受访者B-1-b）其是从河西11院搬出来的，河西11、12、13院是该王姓家族的老宅。

现在的河西11、12、13院（如图3-96），分别属于受访者B-1-b爷爷辈三兄弟A、B、C及家族成员所有。据介绍，形成现在的三个院落格

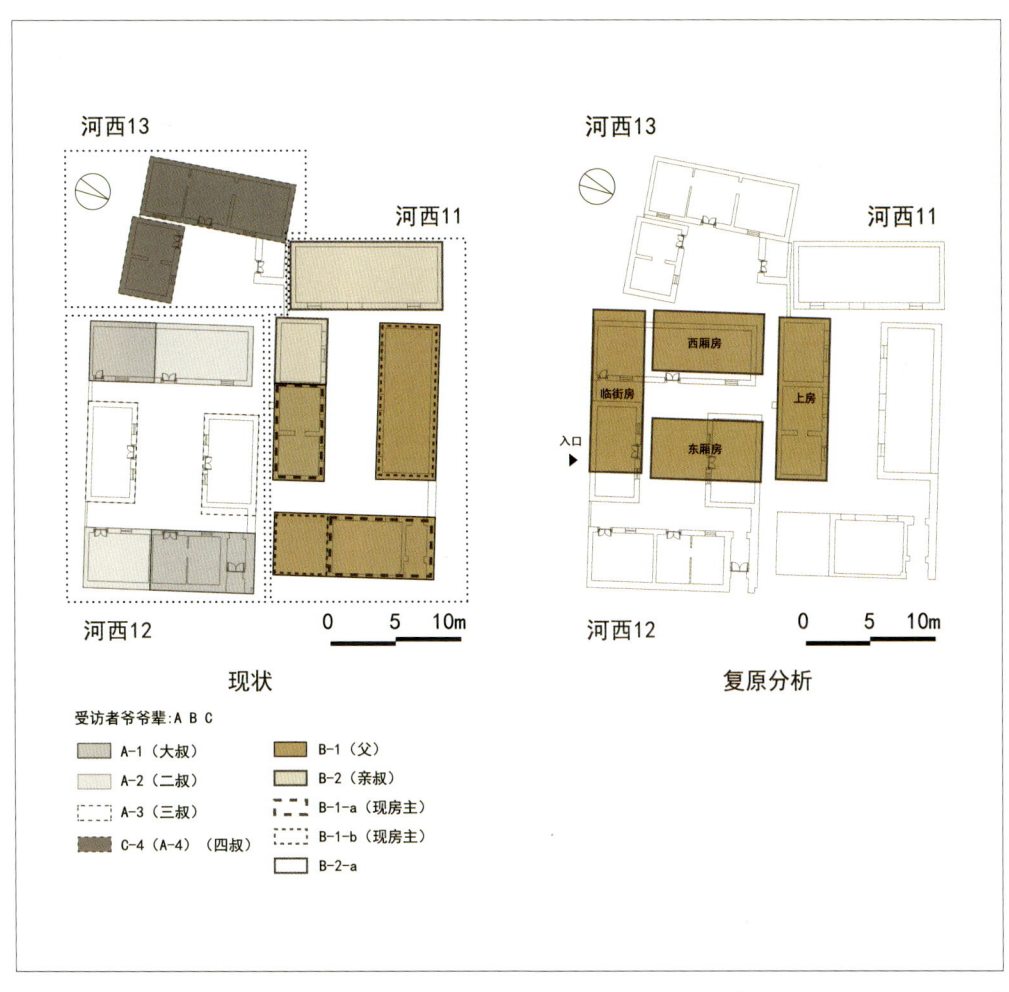

图 3-96 河西 11、12、13 院

局之前,这里原本是一座坐北朝南的四合院,由上房、东西厢房及临街房构成(如图3-96右图)。现在的河西11院的右厢房是该院的上房,河西12院上房的北边两间是原本的西厢房,其东边是原本的东厢房。上房对面是该院的临街房(原本是草房),院落的东南方向设置有该院的大门,经村内老人指认,在现在河西12院左厢房的地基处仍可辨认出原来大门的位置。

图 3-97　左右两厢房及上房

　　A、B、C 三兄弟在分家的时候，B（受访者 B-1-b 的爷爷）分得上房，之后 B 及其后人陆续将原本坐北面南的上房改为面向北面的建筑，做厢房使用，又在其西面建造上房，在对面建造左厢房，之后又建造临街房，最后构成了现在的河西11院（如图3-97至3-101）。

图 3-98 仅剩地基的临街房

A、B、C 三人分家及 B 改变老宅上房朝向的时间已无可考证，现河西11院的左厢房是 B 于大约一百年前建造的，上房是受访者父亲 B-1（父亲兄弟两人，父亲是长子）于20世纪70年代前建造的，临街房是受访者 B-1-b 与哥哥 B-1-a 兄弟两人建造的。

图 3-99 现河西 11 院右厢房

图 3-100 现河西 11 院左厢房

图 3-101　现河西 11 院正房及两厢房

之后，父亲 B-1 与叔叔 B-2 分家时，现在的上房分给叔叔 B-2 所有，右厢房靠近上房的一间也分给叔叔 B-2 所有，现在叔叔家的长子 B-2-a 继承了叔叔名下的房产。右厢房剩下的两间再加上临街的北面两间和过道目前是受访者的哥哥 B-1-a 所有。左厢房及临街的南面一间是受访者 B-1-b 所有。

4. 河西12院（E型）、河西13院（D-1型）

河西12院目前共有十六间房子（如图3-96，3-102至3-105），其中上房五间，左右厢房各三间，临街房五间，为受访者B-1-b的大爷A家族所有。大爷A共有四个儿子A-1、A-2、A-3、A-4，四兄弟分家时A-1分得上房南边的两间和临街北边的三间，A-2分得上房北边的三间和临街南边的两间，A-3分得左右两厢房，A-4因过继给了C没有分得该院房产。

图3-102　临街房及左右两厢房

图 3-103　院子内部

图 3-104　临街房外面

图 3-105　从上房看左厢房

河西13院原为C家族所有，共有三间上房及两间右厢房（如图3-96、3-106、3-107）。河西13院现属A-4所有，A-4虽为大爷A之子，但因三爷C膝下无子，故大爷A将四子A-4过继给三爷C，之后继承三爷C的河西13院的所有房产。

目前，河西11院都已无人居住，河西12、13院情况不明了。

图 3-106　河西 13 院入口　　图 3-107　河西 13 院上房

5. 河西15院（E型）

河西15院（如图3-108至3-112）一共十二间房，分别为上房三间，左右厢房各三间，临街房三间。

据受访者B-2-a（60岁左右，该院居民）介绍，其爷爷有两兄弟A、B，河西15院的上房是大爷A于一百年前建造的。右厢房也建成有三四十年。左厢房在20世纪80年代末建造的，1996年失火烧毁，现在仅残存部分石墙。临街房是1988年3月建造的叉手房。当年分家时，大爷A分得

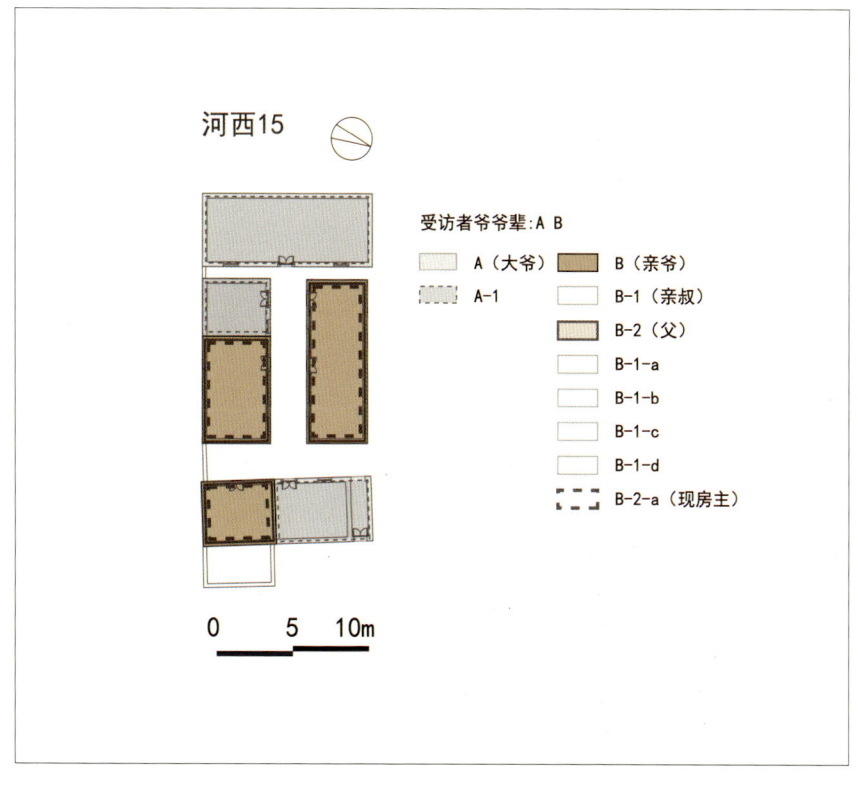

图3-108 河西15院

上房三间、右厢房临近上房的一间和临街房北边的两间，共六间，其余六间是自己的爷爷 B 所有。大爷 A 只有一个儿子 A-1，现大爷 A 的所有房子归属其所有。爷爷 B 有两个孩子，大伯 B-1 和自己的父亲 B-2。大伯 B-1 原有五个儿子，其中一子未成年夭折，B-1-a（已去世）、B-1-b、B-1-c、B-1-d 四兄弟成年之后，在20世纪80年代陆续开始在院子的后面建造自己的宅院，先后搬出。受访者 B-2-a 是父亲 B-2 的独生子，目前只有 B-2-a 一家在院内居住，其爷爷分得的房子全是经父亲继承后，又传给自己，至今夫妻俩仍在院内居住。

图 3-109　上房及两厢房

图 3-110　从上房看临街房及两厢房

图 3-111　临街房外观

图 3-112　院子外部

6. 河西18院（F型）

河西18院（如图3-113）据说是三百多年前徐家迁来柏石崖村后始建，二百多年前售与王家。河西18院总共十四间房，由四间上房，左右各三间厢房和四间临街房构成（如图3-114至3-119）。其中左右厢房在临近临街房的山墙上砌筑隔墙，将前后分成两个院落。后面院落的上房和左右厢房目前是王家所有，前院临街的四间房后来又转卖给了甄姓人家。王家现有房屋原是A-1-a、A-1-b（现房主）的爷爷兄弟俩A、B所有。A和B在后来分家时，A分得上房靠北两间，右厢房靠近临街一间和三间左厢房；B分得上房靠南两间，右厢房靠近上房两间。

A只有一子，A-1继承了其房屋。A-1膝下有两子A-1-a、A-1-b，分家时平分了A-1所有的六间房屋。上房北面两间与右厢房临街一间为A-1-a所有，左厢房三间为A-1-b所有。B也只有一子B-1，而B-1膝下无子，B所分得的上房靠近南边两间与右厢房临近上房的两间一直由B-1拥有。

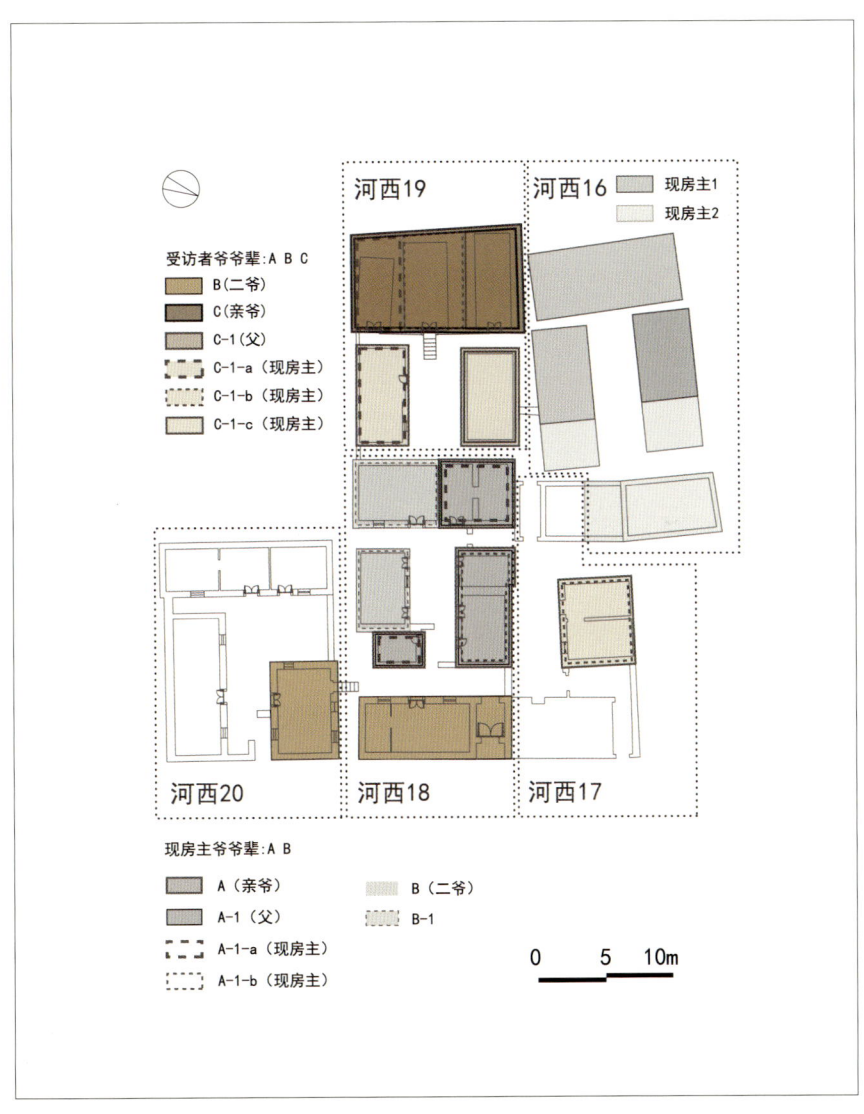

图 3-113 河西 16 至河西 20 院

图 3-114　两山墙间的二门

图 3-115　从河西 18 院进入河西 20 院左厢房入口

图 3-116　河西 18 院损坏的左厢房及临街房

图 3-117　从窑顶看河西 18 院的上房背面

图 3-118　河西 18 院左厢房

图 3-119　河西 18 院上房

7. 河西20院（D-2型）

河西20院（如图3-113、3-120、3-121）共八间房，其中上房三间、右厢房三间、左厢房两间，也是王家在民国年间从刘家购买（两间左厢房后又转卖给甄家，年代不详）。该院曾经也和河西18院相似，原本也是 A-1-a、A-1-b 家族所有，由 A-1-a、A-1-b 两兄弟分家时平均分配。这样一来，A-1-a、A-1-b 各自拥有了河西18院及河西20院的各一部分房产，形成了"你中有我，我中有你"的局面（细节无考）。据说，在后续的生活中，产生诸多不便，为此两家经协商，将产权进行了调整，最终形成了目前河西20院归属 A-1-a（不含左厢房两间），河西18院（不含临街房四间、上房靠近南边两间与右厢房临近上房的两间）归属 A-1-b 的格局。

图 3-120　河西 20 院临街大门

图 3-121　门前经过的羊群

8. 河西19院（D-1型）

河西19院（如图3-113、3-122）目前是甄姓家族居住使用。甄姓家族来自登封市唐庄乡。

据受访人（甄姓的本院居民 C-1-a，60多岁）介绍，河西19院最早也是徐家所有，后来受访人 C-1-a 的老太爷（曾祖父）在民国年间将其买下。河西19院由上房和左右厢房组成，上房是三孔窑洞，左右厢房各是两间瓦房（左厢房已坍塌）。

老太爷有三子 A、B、C，其爷爷 C 排行老三，膝下无子。父亲 C-1 是过继过来的，也生有三子 C-1-a、C-1-b、C-1-c，受访人 C-1-a 为长子。

C-1三子成家立业后分家时，C-1-a 分到上房南边的一孔窑洞和右边的两间厢房。C-1-b 分得上房中间的一孔窑洞，另外还分得前述河西17院的两间左厢房（见河西17院）。C-1-c 分得上房北边的一孔窑洞和左边的两间厢房。

图 3-122　上房窑洞

9. 河西17院（D-4型）

河西17院（如图3-113、3-123、3-124）是个三合院，由正房、临街房、左厢房组成。据村民介绍，该正房地基一部分原属河西16院王家所有，随着甄姓家族的逐渐扩大，其原有房屋已不能容纳家族成员的居住，

图 3-123　河西 17 院的正房

图 3-124　河西 17 院的临街房

需扩建院落。通过与王家协商，占用河西16院的一部分地基，建起房屋三间，之后又建两间左厢房及临街房，后来C-1的三个儿子分家时，二儿子C-1-b分得该院的两间左厢房。（临街房目前是公房，其缘由讲述人没有明示。）

10. 河西16院（E型）

河西16院（如图3-113）一共十二间半房子，上房三间、左右厢房各三间、临街房三间半。

据说，按柏石崖村建房的习惯，一般是先建上房，后根据生活需要建造左右厢房及临街房。然而，在河西16院建成上房及左右厢房未建临街房的情况下，甄姓家族因有建房需要，与河西16院协商后，占用其预留建临街房的一部分地基，建起了正房三间。而河西16院在后来建造临街房时，接续河西17院的三间正房，在北面剩余的空地上建起两大间临街房，最终完成了四合院形态。之后又通过与甄家协调，分得河西17院三间正房的一半，即一间半房屋，构成了最后的三间半临街房。后经几代家族成员、家庭结构的变化，历经几次房屋产权变化（详细历史暂无可考证），目前该院主要由两户人家所有，其中一户在院内有七间房，包括三间上房和左右厢房中靠近上房的四间，其后续者也陆续迁出，于后排建房居住。另外一户有五间半房，左右厢房靠近临街的两间及临街房三间半（含过道）。

另外，河西18院与河西19院过去曾都是徐家所有，按现有的河西18院为前后两个院落的"二进"四合院，及河西19院的三合院格局推测，徐家最早建造的宅院可能为一座"三进"四合院。然而，出于某种原因，徐家在败落之后先后将前面的"二进"院落卖于王家，将后面"一进"

院落卖于甄家。其间，王家又购买了河西20院，并将该院两间左厢房及河西18院的四间临街房转卖于甄家，最后形成了河西16至20院现有的王姓家族中的五户以及甄姓家族的四户一共九户人家分割使用（所有）的格局。河西16院分属两户王家；河西17、19院分属三户甄家；河西18、20院分属四家，其中一户甄姓、三户王姓。然而，目前五个院落只有一户甄姓仍在居住使用，其他人家都已外迁另置新宅。

11. 河西25院（D-2型）

河西25院（如图3-125）是从河西11院迁出来的居民（80多岁、河西11院的B-1-b）所建，坐西朝东，由上房、左厢房及右边的一间小屋组成，修建围墙构成三面围合院落，但没有建设大门，而是在院子的左厢房与围墙之间，设置了用荆条、枣树枝条编制捆扎的栅栏门。左厢房原本是瓦房，大约在二十年前塌掉后改建成平房，上房三孔石砌窑洞临山而建，至今已有近四十年。该院是在20世纪80年代开始批宅基地以后，从老院子里搬出来建造的。曾有三儿四女，加上夫妇两人，共九口人在此居住，后因女儿们出嫁，儿子成家后分家单过，目前只有老夫妇两人居住（如图3-126至3-130）。

通过四面建筑的围合，并通过围墙建成封闭的四合院是柏石崖村民较为理想的生活居住空间。在经济条件、用地条件等允许的条件下，建造多进院落，形成空间性格分明的深院落更是一般认为理想的宜居环境。

由于家庭结构、家族成员的变化，在原有房屋的基础上通过分割使用，产生了"杂院"化使用的情况。之后，在建房用地政策、经济条件等允许并在生活需要的情况下，部分居民从老宅院中迁出，在原有老宅的南北两端及后排开始新建住宅，其平面特征基本延续了合院民居的基

图 3-125　河西 25 院平面图

本特征。然而，受当时的经济条件、环境条件等制约，最终没有达到村民理想的四合院形态，一部分也没有通过围墙围合形成封闭的合院，从而形成了"围而不合"的开放院落，呈现出柏石崖现有民居平面组合形态的多样性特征。

　　柏石崖村早期的房屋，多采用茅草屋顶，在后续的使用过程中，出于防火，避免雨水、湿气对椽及檩木侵蚀等方面的需求，开始建造硬山式抬梁结构的灰瓦屋面房屋，并用石材或砖封闭前后屋檐。早期用石材建造的拱券平屋顶房屋，在后期也多改为用红砖建造的拱券结构平屋顶房屋。梁架结构的坡屋顶房屋，虽具有抬梁式坡屋顶的基本特征，但由于柏石崖村缺乏笔直木材，因此大多采用省去前后檐墙上檩木的做法，不同于常见硬山建筑三角形的"二梁五檩木构架",形成了柏石崖民居"二梁三檩木构架"的特点。

墙体的材料也随着时代的发展,开始出现红砖,或用水泥、干粘石、瓷片等现代材料装饰墙面,或将以上材料混合使用的情况。

图 3-126　改建后的左厢房

图 3-127　左边一孔窑洞

图 3-128　左边一孔窑洞室内

图 3-129　右边一孔窑洞

图 3-130　右边一孔窑洞室内

第四章 柏石崖的红色遗产

柏石崖村是豫西抗日先遣支队后方医院旧址所在地。1944年9月，受党中央和毛主席的指派，皮定均司令员率豫西抗日先遣支队来到登封，在马峪川一带建立了箕山豫西抗日根据地。1945年初，八路军豫西抗日先遣支队攻打大冶（今登封市大冶镇）时，为解决战斗中伤病员的救治问题，在柏石崖村建立了豫西抗日后方医院。

一、豫西抗日根据地的建立

河南抗日根据地即豫西抗日根据地，是中共中央直接领导的解放区之一，从1944年9月进军豫西到1945年9月抗日战争胜利，历时一年。河南抗日根据地位于河南省西部，北临黄河，南至伏牛山，东抵平汉铁路，西达灵宝、陕县（现三门峡市陕州区）。主要活动范围包括郑州、荥阳、巩县（现巩义市）、偃师、洛阳、新安、渑池、洛宁、登封、密县（现新密市）、禹县（现禹州市）等二十六个县。伏牛山、熊耳山、嵩山、外方山绵亘丛集，地势险要，自古以来就是兵家必争之地，战略地位十分重要。

1944年，世界反法西斯战争进入了新的历史阶段。在欧洲战场上，苏军转入了大规模的反攻；在太平洋战场上，美军反攻不断取得胜利，日军通往南洋的海上交通受到了严重威胁；在中国解放区战场上，八路军、新四军英勇奋战，收复失地，开始了局部反攻。日本帝国主义为了挽救其在太平洋战场上的失败，摧毁美军驻华空军基地，打通中国大陆交通线，援助其入侵南洋的孤军，疯狂地发动了对中国正面战场豫湘桂地区的进攻。4月18日，日本侵略军首先发动了河南战役（即中原战役），调集了四个师团约九万余人，从豫北、豫南、晋南向豫西、豫中地区大举进攻。4月22日占领郑州，然后分兵两路，一路沿平汉铁路南犯，与信阳北侵的日军配合，占领了河南境内的平汉铁路；一路由陇海铁路西进，与晋南南下的日军相配合，于5月25日占领了洛阳。

中共中央为解放河南人民，收复失地，及时作出了向河南敌后进军，开辟河南抗日根据地，控制中原战略要地的部署。

在中央统一部署和北方局、八路军前方总部的直接领导指挥下，太行区党委、军区调集部队和地方干部一千七百余人组成豫西抗日游击支队（亦称先遣支队、皮徐支队、豫西抗日独立支队，后改为国民革命军河南人民抗日军第一支队），由皮定均任司令员、徐子荣任政委。同时成立了豫西地委，徐子荣任书记。1944年9月5日在林县（今林州市）郭家园举行了支队成立和进军河南誓师大会。6日出发南下，22日在济源县（今济源市）河清口渡过黄河，进入豫西，横越陇海铁路，过洛河、伊河，向嵩山、箕山地区挺进。

中共中央为了加强对开辟河南抗日根据地的统一领导，1944年10月，决定建立中共河南区党委、河南军区和河南人民抗日军。任命王树声为河南军区及河南人民抗日军司令员，戴季英为中共河南区党委书记兼河南军区和河南人民抗日军政委，刘子久任中共河南区党委副书记兼河南军区、河南人民抗日军副政委。中央对开辟河南抗日根据地的工作极为重视，毛主席在延安分别接见了中共河南区党委和河南军区的领导人王树声、戴季英、刘子久同志，并作了重要指示。毛主席指出：这次南下的战略任务，就是要深入河南敌后，以嵩山为依托，在三点（洛阳、许昌、郑州）两线（陇海铁路和平汉铁路线）之间，深入发动群众，开展游击战争，建立敌后抗日根据地，紧紧咬住敌人，牵制三点两线之敌人西进，保卫大西北，沟通陕北和华北、华中抗日根据地之间的战略联系，发展抗日战争的大好形势，夺取抗日战争的胜利。根据中共中央和毛泽东同志的指示，王树声、戴季英、刘子久等同志，分析了河南的形势，研究了工作部署，加紧进行了中共河南区党委、河南军区和河南人民抗日军的组建工作。1944年10月底，进军河南的准备工作基本就绪，11月从延安分两批开赴河南。

1944年12月24日，刘子久、韩钧率领部队进入豫西，与刘聚奎部会合。1945年2月，王树声、戴季英率领部队从济源过黄河，然后继续南进，到达登封白栗坪。

王树声、戴季英传达了中央关于建立中共河南区党委、河南军区和河南人民抗日军的决定，并宣布进入河南的部队统一整编的意见：皮定均、徐子荣部为第一支队兼第一军分区，建立了第一专署（专员范惠）……

1945年8月9日，毛主席发表《对日寇的最后一战》的声明，号召中国人民的一切抗日武装力量举行全国规模的大反攻。次日，朱德总司令命令我军向被我包围的敌人发出最后通牒，限期投降。河南军区遵照中央命令，指挥各支队及地方武装接受各县及交通沿线之敌投降。8月20日，一举攻克登封县城（今登封市），歼敌二千余人。接着相继攻克密县（今新密市）、汜水、回郭镇等城镇，歼灭了大量敌人，收复了大片国土，迎来了抗日战争的胜利。

自1944年9月八路军挺进豫西一年来，前后作战二百余次，发展壮大了人民武装力量。正规军由六千余人发展到三万余人，民兵发展到五万余人，创建了拥有两万多平方千米土地和八百余万人口的河南抗日根据地。[1]

早在1937年,地下党员胡景涛(新郑人)就以教书为名,来到徐庄镇孙桥小学宣传革命道理,吸收党员,成立党组织。1945年4月15日,在杨林村正式成立了"豫西抗日军政干校杨林干校"。河南军区一直到登封解放才迁往登封。

二、豫西抗日后方医院

(一)豫西抗日后方医院的发展沿革

自挺进豫西到抗日战争胜利期间,八路军豫西抗日先遣支队在徐庄镇杨林村设立了后方医院。柏石崖村四面环山,山上林木茂密,特殊的山水格局体系,形成了一道天然的保护屏障。出于安全考虑,我军将后方医院迁建至柏石崖村。

1945年6月至8月,先后有二百多位在攻打大冶战斗中的伤员在此救治,其中,有十二位同志牺牲在这里。八路军撤离登封时,有九位伤势严重的伤员因不能转移藏在了山上,不久全部遇害,护送八路军的群众也被活埋。

---

[1] 中共河南省委党史工作委员会:《河南(豫西)抗日根据地》,河南人民出版社,1988,第1—12页。

1945年9月29日，八路军奉命南下后，延安《解放日报》对柏石崖周围的情况曾做过专题报道，当年10月，八路军撤离登封。

关于八路军豫西抗日后方医院，《郑州日报》以《鲜血染红的土地》为题，对柏石崖做过专题报道。采访中，柏石崖村王姓老人（2013年接受采访时85岁）介绍：1945年6月，野战支队接到了拔除大冶据点的任务。午夜战斗打响，由于该镇寨墙坚固，寨内敌人数量多、装备好，战斗异常残酷，一直持续到7月上旬才结束。我军有三百多人死伤，鲜血将大冶寨壕的水都染红了。[1]

柏石崖抗日后方医院建立后，当地群众积极支持抗战，主动腾出院落、房屋、窑洞供伤员、医院工作人员和警卫战士使用，伤病员也很快入住，其中大部分是攻打大冶时受伤的。在调研中经多方考证确认，在柏石崖村南部立有豫西抗日后方医院驻地纪念碑一方（如图4-1），另外还有挂有"后方医院"字样的部分部门，分别为后方医院伙房（河西11院、河西12院）、后方医院干部住室（河西18院）、后方医院手术室（河东14院）、后方医院病房（河东17院、河西18院）。现在，虽有部分房屋已坍塌、损坏，也有部分因生活所需后期进行了改造，但柏石崖的部分村民还可以清晰地描述出后方医院存在时期的原貌，以及当时豫西抗日根据地部队、后方医院医护人员及伤病员在柏石崖工作生活的景象。每逢有人问起关于豫西抗日后方医院的事情，村民们总是乐此不疲、慷慨激昂地讲述这段往事。

---

[1] 李晓光、周琼亚：《鲜血染红的土地——走进登封市柏石崖村》，《郑州日报》2013年9月6日，第14版。

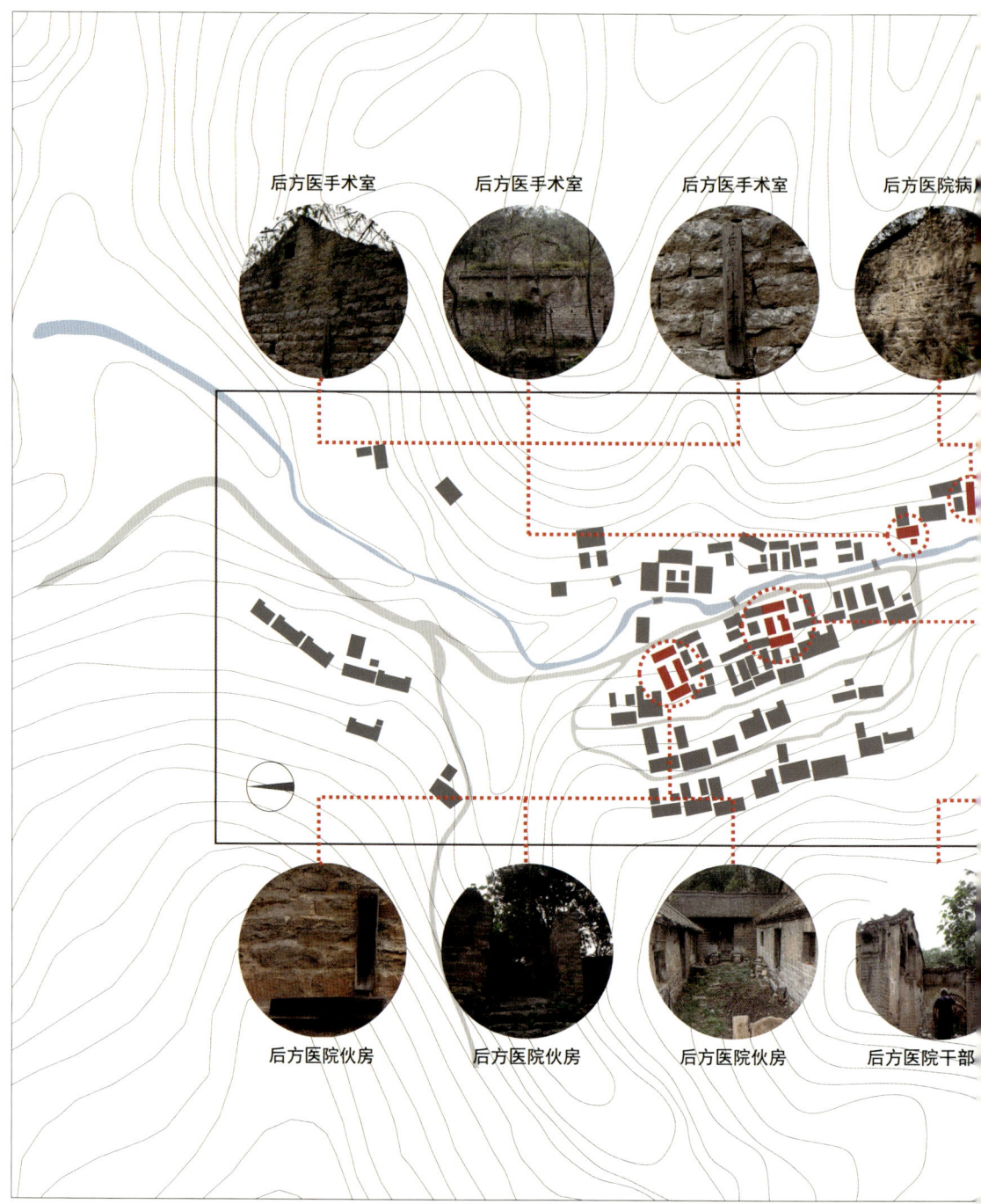

图 4-1 豫西抗日后方医院旧址、纪念碑区位图

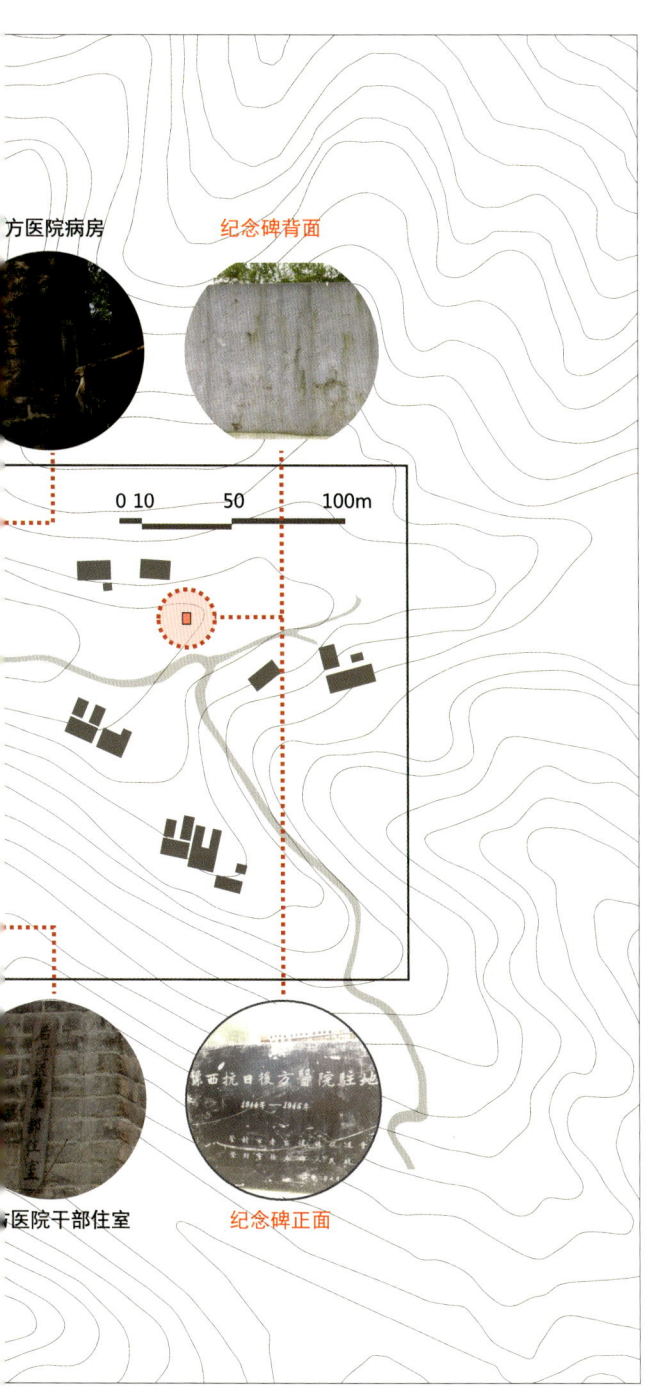

据村民介绍:"虽然当时生活艰苦,但八路军对村民非常热情,给大家讲革命道理,动员大家团结起来抗击日军。村民们看到伤病员,虽然心里十分难受,但总觉帮不上什么忙,只能默默帮助医院工作人员、伤病员做饭、洗衣服、挑水、送柴……后来战争结束医院要转移了,全村的人都哭着舍不得……"虽然,豫西抗日后方医院在柏石崖村存在的时间较短,却成为柏石崖村自豪而珍贵的历史记忆。

（二）豫西抗日后方医院相关文化遗产

1. 后方医院伙房（河西11院、河西12院）

据介绍，现在的河西11院与河西12院，为两处独立的坐西朝东的四合院，在形成现在的格局之前，两个院子中的一部分原为一处完整的坐北朝南的四合院，由上房、左右厢房及临街房构成（如图3-96）。该院是村中一户王姓人家的祖宅，在抗战时期，王家专门腾出房间作为后方医院伙房，供给医院工作人员及伤病人员的伙食（如图4-2、4-3）。

图 4-2　后方医院伙房木牌

图 4-3　后方医院伙房大门

2. 后方医院干部住室（河西18院）

在抗战时期，王家专门腾出该院作为八路军后方医院干部住室，供给医院工作人员居住使用。目前，该院无人居住的部分房屋年久失修已坍塌或成为危房，残破的大门外悬挂着"后方医院干部住室"的木牌（如图4-4、4-5）。

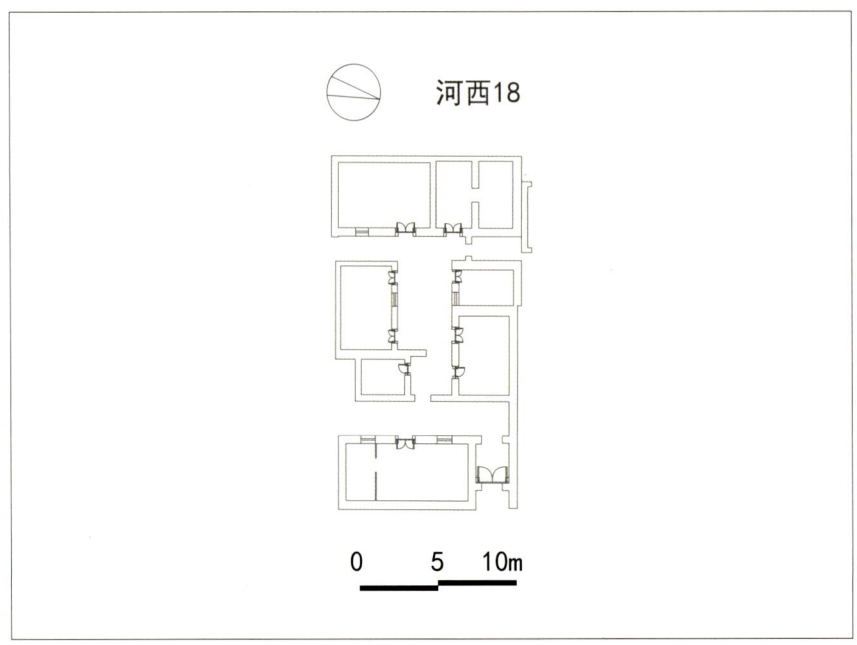

图 4-4　河西 18 院平面图

图 4-5 后方医院干部住室大门

3. 后方医院病房（河东17院、河东18院）

现今，河东17院为四间平顶房屋，河东18院为一封闭院落，两处建筑独立存在着。据村中老人介绍，此处原是一个完整四合院，院中共十三间草房。现河东17院的四间平顶房屋正是原四合院的上房，现河东18院的上房原来并不存在，只有南北走向的东西厢房各三间，院子南面为三间临街房。在抗日战争时期该院曾作为后方医院病房（如图4-6）。

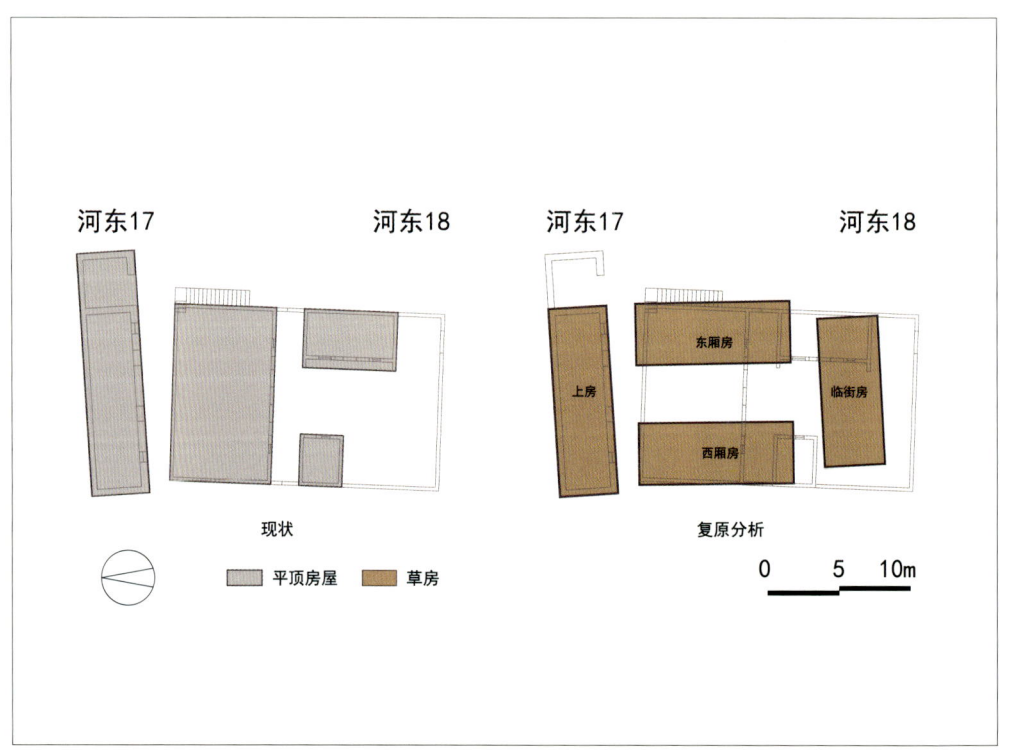

图 4-6　河东 17 院、河东 18 院及豫西抗日后方医院病房复原图

4. 后方医院手术室（河东14院）

河东14院（如图4-7）现为三孔窑洞、一间石砌墙瓦房顶房屋，以及围墙围合的封闭院落，已空置多年，无人使用，院子外墙上挂有"后方医院手术室"的木牌。据村里80多岁的老人讲述，当时的后方医院手术室并非现在这个样子，起初窑洞仅有最南边的一孔，北边两孔窑洞并不存在。在做后方医院手术室时，院内北边为坐北朝南的两大间瓦房，所有手术都在这里进行，当时大家习惯将后方医院手术室称为"大瓦

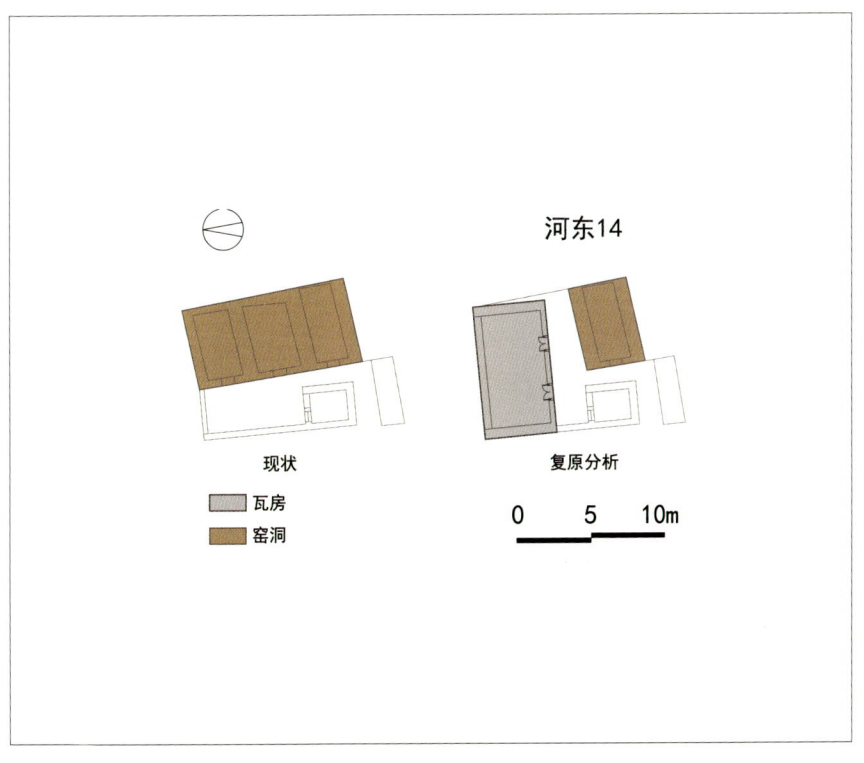

图 4-7 后方医院手术室复原分析图

房"。村民说，许多年前曾有一特殊访客来到村里，寻觅当年的"大瓦房"（如图4-8至4-10）。兴许是曾经在柏石崖工作、生活过的医护人员，或是曾经在这里被救治过的八路军战士，不得而知。

图4-8　后方医院手术室

图 4-9 手术室窑洞的内部

图 4-10 村民指认手术室原有瓦房的房基

5. 豫西抗日后方医院驻地纪念碑

在艰难的抗战时期,柏石崖村民无私奉献、不怕牺牲,为中国人民的解放事业做出了不朽的贡献,为后代子孙留下了宝贵的精神财富。2002年登封市老区建设促进会和徐庄镇人民政府(当时为徐庄乡)在此立碑纪念。碑文显示:"柳泉村的白石崖是一九四四年十月到一九四五年十月豫西抗日后方医院的驻地,在这里救治了数百名伤病员,埋葬二十七位抗日烈士(现迁移徐庄烈士陵园)。"(如图4-11、4-12)

柏石崖豫西抗日后方医院旧址是登封市广大民众抗击日本帝国主义侵略中国的真实见证,是省内重要的爱国主义、革命传统教育基地和红色旅游资源,目前已被列入河南省第七批文物保护单位。

图4-11 豫西抗日后方医院驻地纪念碑正面

图 4-12　豫西抗日后方医院驻地纪念碑背面

三、豫西抗日军政干部学校旧址

杨林村，原名杨树林，因周围杨树成林而得名，位于徐庄镇西部，现辖杨林、北孔楼、南孔楼、王山（包括王保庄、中闲、下地阅）等自然村。

1944年，日本侵入登封时，李先念在此驻扎部队，并建立了豫西抗日军政干部学校（如图4-13、4-14），老百姓俗称"南学院"。学校教室为梁在玉家大门南的王家祠堂，学校办公处为梁在玉家，学员们分散居住在村民家中。现今，王家祠堂门前仍立有石碑，碑文清晰地记载着：

"豫西抗日军政干部学校驻地（1944年—1945年）。"这里培训了数百名后来充实到部队和政府机关工作的知识青年，为抗日战争的胜利做出过一定贡献（如图4-15、4-16）。据村民回忆，学校学员最多时有一百多人，白天在小河边打麦场训练，晚上集中在王家祠堂学习。

1945年1月1日，抗日根据地箕山专署建立，接着又建立了中共箕山委员会。同年4月，于箕山建立了豫西抗日军政干部学校杨林干校，李先民任政委，贺雨农任校长。

豫西抗日军政干部学校杨林干校为八路军培养了大批骨干力量，一直办到皮定均率八路军从杨林村南下为止。现在，村中老人还清楚地记得"七月来八月走，八路军不在此过九月九"的俗语。[1]

---

[1] 常松木主编《登封名村》（下），河南文艺出版社，2014，第460页。

图 4-13 豫西抗日军政干部学校旧址（正面）

图 4-14 豫西抗日军政干部学校旧址（背面）

图 4-15　豫西抗日军政干部学校旧址纪念碑（正面）

图 4-16　豫西抗日军政干部学校旧址纪念碑（背面）

第五章　柏石崖的物产与人情

柏石崖村保持着传统农耕村落的特征，仍基本保持着自给自足的生活方式与传统的农耕作业方式，农忙季节仍然依靠人畜劳力耕作收获，种植庄稼很少使用农药、化学肥料。村民充分利用大自然所赋予的各种资源，充分利用有利的自然要素，创造出适宜于生活和生产的环境。

柏石崖丰富的物产，装扮、美化着村落，融入人们的生产、生活中，反映在村民们真实的日常生活里。

一、柏石崖的物产

（一）动物

柏石崖村动物资源丰富，村民们饲养的动物有牛、羊、猪、狗、猫、鸡、驴、骡、蜜蜂等，野生动物有松鼠、小家鼠、画眉、野鸡、鸽子、喜鹊、乌鸦、蝙蝠、蛇、蛤蟆等（如图5-1）。

虽然柏石崖村一年四季环境宁谧清幽，但却总是充满生机。在村子的上空，常听到喜鹊清脆悦耳的鸣叫，据村民介绍，喜鹊是村中最常见的鸟类，它们常在靠近村民房屋的大树上筑巢。在竹林中，画眉的鸣叫音韵多变、委婉动听，因它们喜欢独处，所以常常闻声不见影。偶尔会看到机灵的松鼠在树林中寻觅食物，在河沟旁跑跳玩耍，在道路上灵活闪现。在栗子成熟的时节松鼠会更为常见，而善良的村民们从不打扰它们的生活（如图5-2）。

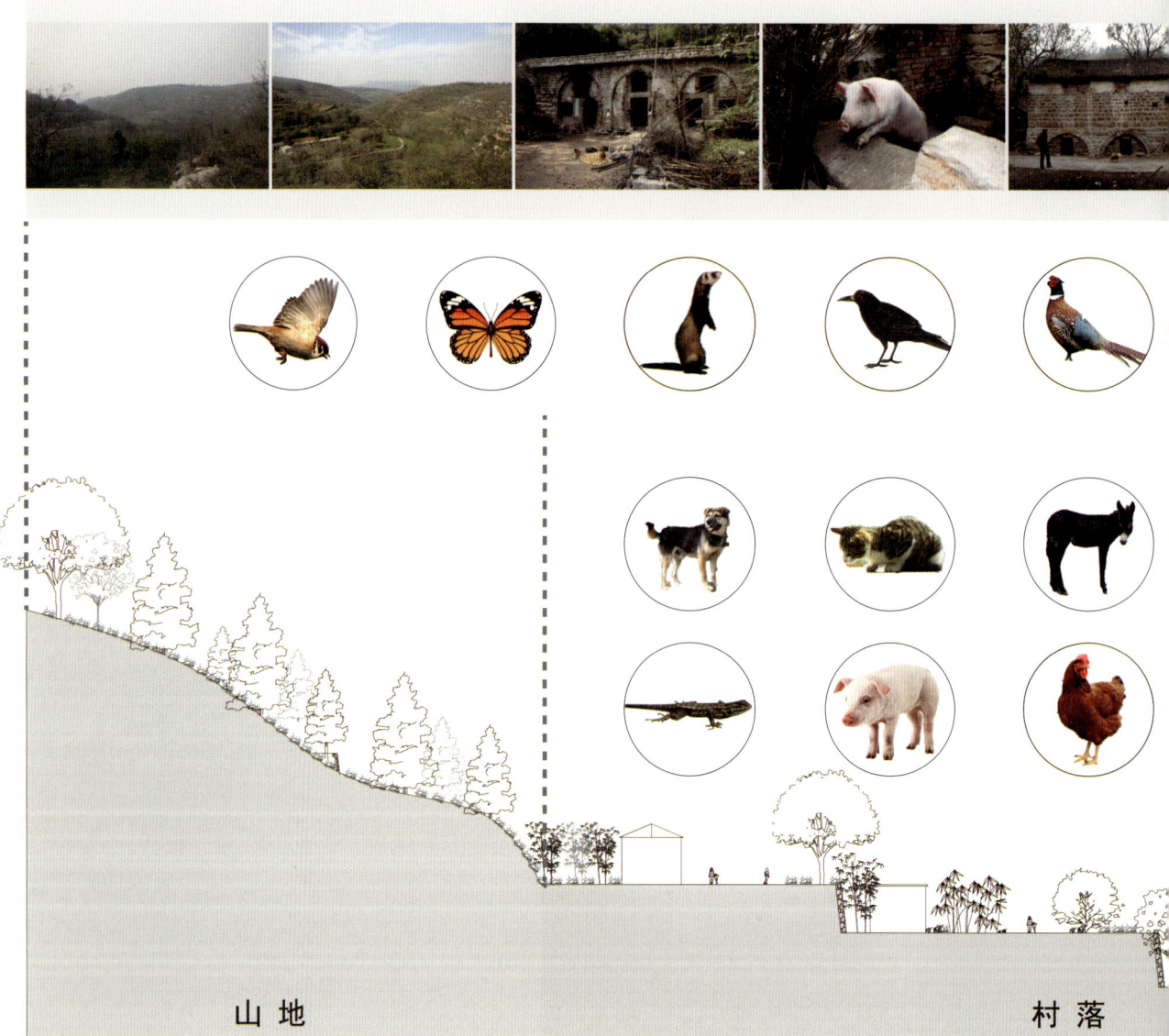

山地　　　　　　　　　　　　　　　　　　　　　村落

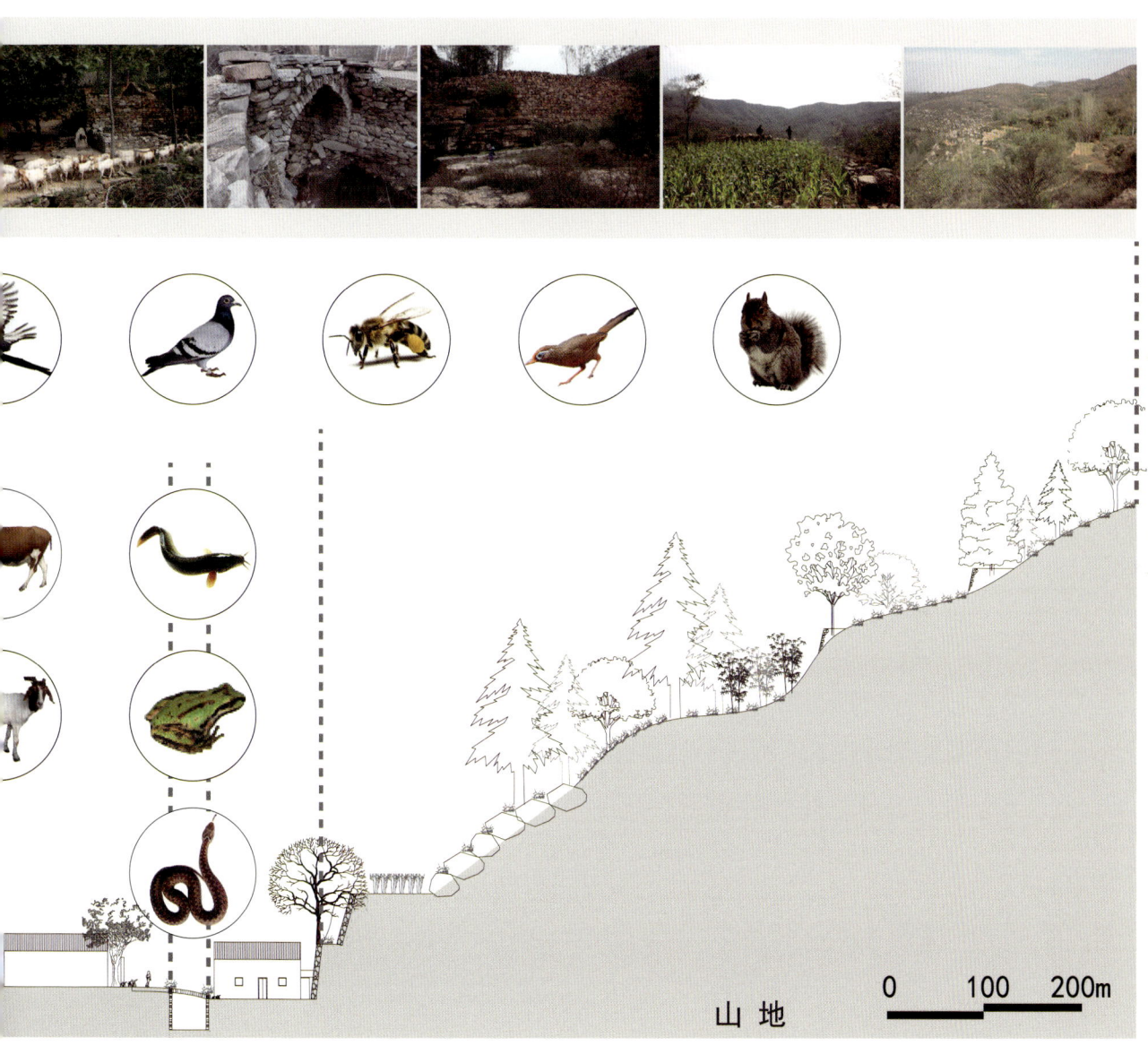

图 5-1　柏石崖村动物分布图

图 5-2　松鼠

图 5-3　鸡

图 5-4　驴

图 5-5　牛犊

若在春暖花开的时节来此，万物复苏，整个环境更加活泼。坡上的小羊叫得怡然自得，稻草旁的母鸡带着小鸡欢乐觅食，就连毛驴也想嗅一嗅春的气息，漫步在山路旁……（如图5-3、5-4）

动物不仅给柏石崖的环境增添了生气，更给村民带来了生活情趣。村民也常饲养一些动物来增加收入（如图5-5、5-6）。

村民们养狗来看家护院，出门散步、串门时，自家的小狗也常如影随形，在门口做活、聊天时，小狗也会静静卧在旁边观望、陪伴。柏石崖村至今保持着古老、传统的农耕作业方式，牛、驴、骡子是重要的劳力，除农耕作业外，也常协助推磨、拉货，在柏石崖村的生产、生活中起着重要的作用。村中养猪的人家不多。羊的喂养数量较多，常可以看到小桥上、河沟旁、山坡上的羊群。猪、羊是养殖户主要的经济来源。

图 5-6 羊

（二）植物

在柏石崖村，常年可以看到郁郁葱葱的柏树、竹林。3—5月份，可以看到山间野菊花、刺儿菜（小蓟）、梨花、杏花、桃花、槐花等争奇斗艳，随手采摘几枝野花插入瓶中，便可成为装饰性、观赏性极强的饰物（如图5-7至5-9）。

图 5-7　野花

到了秋天，植物果实挂满了枝头，常见的有桃、柿子、梨、石榴、核桃等，纯天然无污染，味道鲜美，村民们常取来自食（如图5-10）。

柏石崖丰富多样的植物，不仅美化着山村，也为村民疾病的医治提供了诸多便利。

很多植物不仅具有很高的观赏性，而且具有调节人体机能的神奇功效，这一点自古以来就被传统中医所知，早已应用于疾病治疗及身体调养。

图 5-8　刺儿菜

图 5-9　野菊花

第五章 柏石崖的物产与人情

银杏

柏树

竹子

菊花

杏

梨花

柿子

杏花

图 5-10 柏石崖村植物分析图

初到柏石崖时，看到村民采摘新鲜的竹叶而感到好奇，据介绍是家中有人身体不适，采摘新鲜的竹叶回家熬水，用来治疗咳嗽（如图5-11）。

好奇心唆使，我们便邀请作为向导的村民有意地介绍所见药材及其用途。村民介绍说柏石崖村常见的有何首乌、藿香、桑叶、野菊花、蒲公英、竹叶、杏仁、蜂蜜、野生山药等，具有很强的医疗功效，其中不乏上等的营养品。

1. 何首乌

在柏石崖房前屋后的向阳处或者半荫蔽处，常见一种藤蔓植物，在秋季开有碎碎点点的白色花朵，十分喜人。听村民说，此物便是有许多神奇传说、故事传颂的传统中药何首乌（如图5-12）。

图5-11　竹叶

图 5-12 何首乌

据《本草纲目》记载,何首乌又称交藤、夜合、地精、陈知白、马肝石、桃柳藤、九真藤、赤葛、疮帚、红内消,"气味苦、涩,微温,无毒","主治瘰疬,消痈肿,疗头面风疮,治五痔,止心痛,益血气,黑髭发,悦颜色。久服长筋骨,益精髓,延年不老"。[1]何首乌为我国常用的传统中药,自古以来被认为是一种抗衰老的药物,近年来又制成何首乌糖浆、首乌片、首乌丸、首乌酒、首乌霜等多种制剂,广泛应用在治疗冠心病、强肾补精及美容美发上。

何首乌虽为珍贵药材,但村民们没有关于何首乌的加工、应用知识,所以在当地它并没有被充分应用在生活当中,时有外地的采药者专程前来采掘。

---

[1] 李时珍:《本草纲目》(校点本)第二册,人民卫生出版社,1977,第1288—1290页。

2. 藿香

无论何时来到柏石崖村，总能看到山坡、路旁的常绿藿香草。春末夏初时节，绿草间夹杂着淡紫色的花朵，偶有几簇依偎在青灰色的石板路两旁，为山间小路增添了许多生机（如图5-13）。

据《本草纲目》记载："（藿香）气味辛，微温，无毒。"[1]芳香之气助脾胃，故藿香能止呕逆。藿香不仅具有杀菌功能，可预防传染病，亦可作为烹饪佐料或材料，为高钙、高胡萝卜素食品，有很高的营养价值。

尤其在炎热的夏季，村民们采摘带回或食用或用开水冲泡饮用，可以促进饮食，清热解暑，缓解疲劳。

图 5-13 藿香

---

[1] 李时珍：《本草纲目》（校点本）第二册，人民卫生出版社，1977，第900页。

3. 桑叶

夏摘桑葚，秋打霜桑叶。这种没有经过深加工的野生桑树叶子具有很高的药用价值。桑叶又名神仙草、冬桑叶、霜桑叶、铁扇子，有"人参热补，桑叶清补"之美誉。《本草纲目》记载其"气味苦、甘，寒，有小毒"，"主治除寒热，出汗"。[1]

近年来，桑叶茶已成为人们的茶品新宠。桑叶茶自然清新，健康宜人，日本人称桑叶茶为长寿茶。柏石崖当地村民多将采集的桑叶风干，随时泡水饮用，用于治疗咳嗽及调理肺部不适（如图5-14）。

4. 野菊花

秋季到柏石崖，可以看到山坡上、道路旁开满了野菊花。野菊花茶也是村民饮茶的佳选，常饮有诸多益处（如图5-15）。据《本草纲目》记载："（野菊）气味苦、辛，温，有小毒。主治调中止泄，破血，妇人腹内宿血宜之。治痈肿疔毒，瘰疬眼瘜。"[2]用野菊花做的枕头有助睡眠。民谚有云："菊枕常年置头下，老来身轻眼不花。"

---

[1] 李时珍：《本草纲目》（校点本）第三册，人民卫生出版社，1978，第2067页。

[2] 李时珍：《本草纲目》（校点本）第二册，人民卫生出版社，1977，第933页。

图 5-14 桑叶茶

图 5-16 蒲公英茶　　图 5-15 野菊花

柏石崖村民们采摘野菊花，多选取含苞待放的花骨朵或尚未完全绽放的花朵，并在蒸笼上蒸一蒸，然后自然风干，用于往后一年中的日常茶饮。此外，也常用于制作菊花枕。

5. 蒲公英

散布在柏石崖林间、田埂的蒲公英并不起眼，但花谢后的白色绒球随风飘扬，为柏石崖的山野增添了些许生机。据《本草纲目》记载："（蒲公英）气味甘，平，无毒。"[1] 有滑热解毒、利尿散结、健胃消炎、泻肝明目之功能。

据村中老人们回忆，在以前艰苦贫困的岁月中，蒲公英可以用来充饥，是一种很好的野菜。现在生活条件好了，温饱无忧，村民们多用它来泡茶喝，可以清热解毒、祛火（如图5-16）。

---

[1] 李时珍:《本草纲目》（校点本）第三册，人民卫生出版社，1978，第1664页。

6. 竹叶

一年四季，不论何时来到柏石崖村，几片绿竹林总是郁郁葱葱，虽然在北方却给人以南方水乡的错觉。春季，竹叶初生，嫩叶卷而未展，此时便是最佳的采摘时节。竹叶味苦、平、淡、寒，煎服具有清心除烦、消暑止渴的功效，多用于暑热烦渴及温病神昏谵语等症。竹叶能有效调节人体血脂，并具有消炎、抗菌、抗病毒、抗氧化、提高免疫力的作用，是理想的纯天然营养品，在功能性食品和医药保健品领域有着十分广阔的应用。

村民描述，在夏季他们多饮竹叶茶，偶发风寒时也常随手取些新鲜竹叶，用沸水轻煮饮用。我们将在柏石崖调研过程中采集的新鲜竹叶自然晾干沏茶，在喧嚣的城市生活中闻着淡淡的竹叶香，又仿佛置身于竹林之中（如图5-17）。

图 5-17　竹叶茶

7. 杏仁

春末夏初时节，便是山上的杏果成熟之时。

据记载，杏仁能散能降，故解肌散风、降气润燥、消积治伤损，治疮杀虫，是止咳祛痰治疗支气管炎、哮喘的良药。杏仁有丰富的营养价

图 5-18　杏核

图 5-19　杏核

值，含有丰富的不饱和脂肪酸、维生素E、优质蛋白、膳食纤维，以及钙、镁、锌、铁等矿物质。虽然杏仁有许多的药用、食用价值，但不可以大量食用。杏仁含有毒物质氢氧酸，过量服用可致中毒。现今杏仁被做成很多不同形式的食品，如杏仁饮料、杏仁饼干等。

柏石崖村民常将吃不完的杏堆积在房前屋后的阴凉处，待其果肉自然腐败，仅取杏核晾干，去壳后留作自家食用或卖给药材收购商，可增加部分收入（如图5-18、5-19）。

8. 蜂蜜

柏石崖村周边果树花木众多，少数村民有养蜂的传统，在砌筑墙壁时留下可供蜜蜂筑巢的空间，封上封口时开一些可供蜜蜂进出的孔洞，等待野生蜜蜂筑巢。平日无需人为管理，每年采集一次，可获得优质天然蜂蜜（如图5-20、5-21）。

郭璞于《蜜蜂赋》中写道："散似甘露，凝如割肪。水鲜玉润，髓滑兰香。穷味之美，极甜之长。百药须之以谐和，扁鹊得之而术良，灵娥御之以艳颜。"[1]《神农本草经》中说，蜂蜜对神经衰弱、高血压、冠心病、动脉硬化、糖尿病、肝病等有很好的疗效，对肝脏有维护效果，对脂肪肝的形成有一定的抑制效果。常食蜂蜜可以安五脏，益气补中，止痛解毒，除百病，和百药，久服轻身延年，对身体极有好处。而柏石崖村远离都市喧嚣、空气污染，自然环境良好，此处出产的蜂蜜品质更高。

---

[1] 李凤根：《晋·郭璞〈蜜蜂赋〉校译》，《养蜂科技》1994年第1期。

图 5-20　砌在墙内的蜂巢　　　　　图 5-21　砌在墙内的蜂巢

9. 野生山药

柏石崖村民在农闲季节,利用上山砍柴放羊的闲暇之时,也会采集山货、药材,野生山药便是其中较常采集到的山货之一。

山药作为保健品在我国已经有两千多年的历史。山药性平、味甘,补脾胃,舒筋活血,止咳化痰,祛风止痛。用于治疗腰腿疼痛、筋骨麻木、跌打损伤、闪腰、咳嗽喘息、气管炎。可炒食、煮食、糖馏等。《神农本草经》记载:"主伤中,补虚羸,除寒热邪气,补中益气力,长肌肉,久服耳目聪明。"

柏石崖的野生山药多生长于土壤稀少的岩石缝隙,因此形状各异、造型古怪,产量相对较少。野生山药较人工种植山药生长环境恶劣,生长速度慢,口味及营养价值更高(如图5-22、5-23)。

图 5-22　野生山药

图 5-23　野生山药

（三）荆条编织物

春天里，柏石崖的后山上长满了荆条，极目远眺，满山坡的绿。到六七月份，荆条会开出蓝紫色的小花，枝繁叶茂。

荆条在我国北方地区十分常见，多生长在山坡向阳处或半阴半阳处，虽常见不起眼，但它却全身都是宝。据记载，荆条，性平、无毒，茎甘，根苦，叶寒。开花时为优良的蜜源植物，叶和果实可入药，有清热化湿、止咳平喘的作用，鲜叶还可灭蚊治虫除脚气。它的枝条柔而韧，是编织器物的好材料。

镰刀　　采集荆条1

采集荆条2　　捆扎荆条的工具

图 5-24　割荆条

采集来的荆条，一部分用来作柴火，一部分用来加工成生产生活用的器物。村民们多挑选细长的枝条，撸去线状的叶梗，摆在地上晾晒，待水分少些，荆条绵软了，便可用于编织（如图5-24）。

村民根据生产生活所需，用荆条编织成便于用扁担挑、牲口驮、手提以及悬挂的形态各异的篮、筐等。若有特殊需要，如用于装运玉米秆、麦秸秆、芝麻秆等轻质且体积较大的物品时，也会制作一些较大尺寸的器物。总之，器物种类、形态、尺寸等都依据生产生活的实际需要，丰富多样、灵活多变。另外，柏石崖的抬梁式坡屋顶建筑，几乎都是利用荆条编织成的荆笆代替望板进行铺设（如图5-25）。

而今，荆条编织品的需求已经不多，村民偶尔将荆条编织成荆笆，销售到附近的工矿企业，以此赚取微薄收入。如今，能用荆条编织出精细生产生活用品、工艺品的人也越来越少，荆条编织技艺几近失传。

荆条

荆条编织篮（1）

荆条编织筐（1）

荆条编织篮(2)  荆条编织篮(3)  荆条编织篮(4)

荆条编织筐(2)  荆条编织筐(3)  屋顶的荆笆

图 5-25 荆条编织物

（四）石制物件

在石材资源丰富的柏石崖村，石制物件自然也是常见的生产生活日用器物，有磨盘、石碾、石槽、石臼、石杵等。

村内的磨盘不计其数，大小不一、功能各异，用来磨小麦、大豆、玉米、花椒等。石碾和碾盘除常用来碾轧食物之外，还可用于窑洞的拱券屋顶建造完成后的平整屋顶。每逢大雨要再在屋顶撒上麦秸、新土，用石碾碾轧，修缮屋顶，以防漏雨。石槽有牛、马、骡、驴等大牲口用的大石槽，也有鸡、鸭、猪、狗等用的小石槽。石臼、石杵多用来砸、捣、研磨药材、食品等，也常用来捣碎新鲜玉米等饲喂鸡鸭。

柏石崖的石制物件除满足最基本的使用功能外，没有任何的装饰，显得简单质朴、自然粗犷。现今，随着社会的发展、时代的进步，一些石制物件已不再使用，被人们随意丢弃或堆砌在路边，成为人们休憩交谈的座椅，变成了景观小品（如图5-26）。

磨盘（1）

石雕（1）

水槽（1）

石臼（1）

图 5-26 石制物件

二、柏石崖的人情

没有城市的喧闹,没有城市的车水马龙,也没有城市高压紧张的生活氛围,柏石崖村优美、恬谧。每次来到这里,都仿佛来到了与世无争的"世外桃源"。

村民农耕劳作之余聚堆儿拉家常,是村里常见的景象。柏石崖村中,房前、屋后、路旁、河边,随处可见用石板、磨盘摆置的供人休憩的"凳子"。这也是村民们常去的地方,左邻右舍三五成群,做着家务活,拉着家常,个个陶醉其中。春暖花开时节,在河沟两旁的石板上,村民们边晒太阳边聊天,十分惬意。盛夏时节,古树下便是最好的攀谈避暑处。偶有上山放羊、下地干活的村民经过,也停留片刻,定要聊上几句(如图5-27至5-30)。

图5-27　摆放石板的聚会点

图 5-28　摆放磨盘的聚会点

图 5-29　小桥边聚会点

图 5-30　放羊的村民经过小桥

寒冷的冬日，村民们往往就地取材，在院中房前空地扎火堆边取暖边聊天，其乐融融。满载着村庄的平和、喜悦，盛满了质朴生活的祥和与快乐（如图5-31）。

村民淳朴、亲切、热情、好客，让人没有一丝的陌生感，在他们看来，我们并不是外人。第二次来柏石崖时，村民的一句"回来了"让人备感亲切，仿佛我们是远游归来的本村人。

图 5-31　烤火聊天

图 5-32　烤火取暖

在柏石崖调研的日子，村民会不辞劳苦地陪同我们走遍整个村庄，给我们讲述村落的红色历史、趣闻轶事。冬季的户外调查工作十分艰辛，村民会在我们工作结束时，在自家院中生起火堆，让我们围坐在火堆旁取暖，并拿出家里最好的食物招待我们（如图5-32）。

第六章　柏石崖的保护与发展

一、传统村落的保护发展现状

随着近些年保护工作的推进,郑州市已有一批传统村落入选各级传统村落名录、文物保护单位、历史文化名镇名村等,得到一定保护。然而,这些传统村落,除存在农村普遍出现的"空心化"、居民老龄化等复杂的共性问题之外,还存在着村落内传统民居的老朽化、居住环境与现代生活不相适应等居住生活方面的个性问题。对于居民而言,在原有家庭结构、生活方式、价值观念瓦解后,为使建造之初的传统民居适应新的居住生活要求,提高生活质量,改善生活环境,对传统民居实施翻建、增建、扩建等改造,造成老建筑破坏、损坏,在仍无法满足生活需要时,外迁新建、新置房产使得传统民居被闲置而置于自然损坏状态之中者也不在少数。

以往被忽视、未受广泛关注的普通老百姓的民居建筑中,积淀并承载着大量的历史文化信息,显示着鲜明的时代特色、地理环境、经济及社会环境交融形成的地域特征。传统民居的变化发展难免影响到传统文化、地域特色的延续与发展的方向。因此,我们要充分认识到传统民居具有不可再生性,是构成地域特色文化景观的重要物质要素,是有重要保护价值的文化遗产。立足于尽可能多地保护传统农耕文明的根基,在加强物质保护的同时要特别注重非物质文化遗产的活态传承。

然而,在当下快速推进城镇化的背景下,传统民居在饱受争议与质疑的项目建设与开发中受到不可逆的破坏性威胁的报道屡见不鲜,传统民居保护与开发利用的现实并不乐观。

有些村民表示"希望村里搞搞旅游,不用出远门打工也能挣钱,这样村里多点年轻人,就热热闹闹的"。

诚然，旅游是保护发展传统村落的重要手段，但并不是唯一的手段，同时，旅游模式的雷同化也将带来传统村落的雷同化。

因此，充分认识传统村落的价值，挖掘其自身特质，将为保护什么以及如何保护持续传统村落独有的个性指明方向。

二、柏石崖村落的价值所在

柏石崖村四周群山环抱，地势隐蔽而险要，依山傍水，绿竹翠柏，果木成林，环境优雅，气候宜人，有着独特的自然资源优势。一溪穿村而过，将村庄一分为二，由三座石砌拱券小桥将两个部分有机串联起来，与石砌护岸一起构成水路景观。

围绕着河沟、古老的水井展开的，以硬山式抬梁结构的坡屋顶及传统的平屋顶石砌明箍窑洞为代表的传统建筑，沿袭了传统又结合当地条件、因地制宜，呈现出多样的形态特征，表现出自身的特色，是构成柏石崖村传统风貌的核心元素。

柏石崖的道路空间，满足日常的交通、生产生活需求，作为公共空间，容纳邻里交往等诸多活动。蜿蜒的山路自由灵活、朴实无华，成为联系村落与周边环境的纽带，与劳作的村民们一起形成了柏石崖村重要的人文景观。

村民生活简单朴素，与自然环境和谐共生，民风淳朴。

另外，柏石崖作为豫西抗日后方医院旧址，是登封市广大民众抗击日本帝国主义侵略中国的真实见证，是重要的爱国主义、革命传统教育基地和红色旅游资源。

柏石崖村，以传统建筑为代表，与构筑物、古树、石砌田埂等要素系统地联系在一起，构成了其独一无二的村落景观。

三、柏石崖村落的发展现状

柏石崖村原有二百多口人，如今只剩下三十多位老人在此居住，年轻人要么到山外定居，要么到外地打工，"空心化"现象严重。

村里的石砌明箍窑洞、硬山式抬梁结构的坡屋顶院落大多已被闲置。传统村落的建筑因年代久远，保护不善，加之自然环境的破坏，多有损坏。

随着城镇化建设的兴起，村民追求现代化的居住环境，对传统建筑进行翻新、改造或新建，导致用水泥、瓷片等现代建筑材料进行装饰的房屋风格与传统的石砌明箍窑洞、硬山式抬梁结构的坡屋顶建筑格格不入，影响到柏石崖村的整体风貌，弱化了村落的整体特色，使村落出现与外界的同质化问题。

村民们世代不遗余力地砌筑田埂开垦的耕地也有大量荒废，杂草丛生。村落经济相对落后，经济来源少，饮水、供电、通信、垃圾回收及污水处理等方面都无法满足村民的需要。

村民在茶余饭后的交流空间如小桥边、古井旁、房前屋后仍存在合理性、舒适性问题。文化娱乐设施匮乏，无法满足年轻村民的文化娱乐生活需要。

四、柏石崖村落的保护发展定位

柏石崖村起先就是一个很好的"避隐"之地,最先来此建村的人就是为了逃避灾荒。八路军在此建立豫西抗日后方医院,也是因此地比较隐蔽。如今,柏石崖村仍然维系着一种恬静的"世外桃源"般的生活方式。

依托优美的自然山水风貌,优化原生态系统。在沿袭传统的基础上,因地制宜,以此为核心,同时真实保留、传续传统农耕文化、人文遗产、红色记忆,寻求提升古村落经济活力的途径,实现保护与发展的相互促进和良性循环。在后续的保护发展过程中,达成村落核心价值的共同认识。充分认识柏石崖传统村落的保护不仅仅是留住村子本身,更重要的是留住村里生活的人,尊重村民的意愿、现有的生产生活方式、风俗民情,留住祥和、厚道朴实的民风,维系人与自然环境和谐共生、人与人融洽相处。

参考文献

[1] 刘敦桢.中国住宅概说[M].天津：百花文艺出版社，2004.

[2] 汪之力.中国传统民居建筑[M].济南：山东科学技术出版社，1994.

[3] 陆元鼎.中国民居建筑[M].广州：华南理工大学出版社，2003.

[4] 单德启.中国民居[M].北京：五洲传播出版社，2010.

[5] 侯幼彬.中国建筑艺术全集（20）宅第建筑（一）北方汉族[M].北京：中国建筑工业出版社，1999.

[6] 孙大章.中国民居研究[M].北京：中国建筑工业出版社，2004.

[7] 侯继尧，王军.中国窑洞[M].郑州：河南科学技术出版社，1999.

[8] 陈志华，李秋香.住宅[M].北京：生活·读书·新知三联书店，2007.

[9] 李秋香，陈志华.新叶村[M].北京：清华大学出版社，2011.

[10] 张仲一，曹见宾，傅高杰，等.徽州明代住宅[M].北京：建筑工程出版社，1957.

[11] 马炳坚.北京四合院建筑[M].天津：天津大学出版社，1999.

[12] 宋昆.平遥古城与民居[M].天津：天津大学出版社，2000.

[13] 周若祁，张光.韩城村寨与党家村民居[M].西安：陕西科学技术出版社，1999.

[14] 张成德等.丁村明清民宅及其文化[M].太原：山西人民出版

社，2000.

[15] 茂木計一郎，稲次敏郎，片山和俊，等. 中國民居の空間を探る—群居類住"光・水・土"中国東南部の住空間 [M]. 東京：建築資料研究社，1991.

[16] 陣内秀信，朱自煊，高村雅彦. 北京 - 都市空間を読む [M]. 東京：鹿島出版会，1998.

[17] 日中連合民居調査団. 党家村—中国北方の伝統的農村集落 [M]. 北京：世界図書出版公司北京分公司，1992.

[18] 河野泰治，青木正夫，周若祁，等. 四合院住宅の廂房と門房について：党家村における四合院住宅の平面構成に関する研究（その2）[J]. 日本建築学会大会学術講演梗概集 E，1991：9-10.

[19] 周南，青木正夫，上和田茂，等. 中国における非「一明両暗」形式四合院住宅に関する研究：その1 韓城地区非「一明両暗」形式住宅とその他の住宅との比較 [J]. 日本建築学会大会学術講演梗概集 E-2，1997：21-22.

[20] 大西國太郎，朱自煊，井上直美. 中国の歴史都市 [M]. 東京：鹿島出版会，2001.

[21] 大西國太郎. 中国・西安市における都市景観の形成・誘導と歴史的地域の保存再生に関する研究：日本・京都との比較分析も含めて [D]. 京都：京都工芸繊維大学，1995.

[22] 大西國太郎，刈谷勇雅，荒川朱美，等. 中國・四合院民居地区における集住空間と町並み景観の変化に関する研究：西安市・徳福巷地区のケーススタディ[J]. 都市計画，1994（191）：97-105.

[23] 藤川昌樹，谷村秀彦，渡辺俊. 北京市豊盛地区における四合院住区の空間的秩序 [J]. 日本建築学会計画系論文集，2002 (555)：

145-150.

[24] 上北恭史，谷村秀彦，坂本淳二，等．北京市豊盛地区四合院住区における共同居住の状況 [J]．日本建築学会計画系論文集，2005（591）：25-31．

[25] 川井操，布野修司，山根周．西安旧城・回族居住地区の住居類型とその変容に関する考察 [J]．日本建築学会計画系論文集，2009，74(636)：315-321．

[26] 窰洞考察団．生きている地下住居—中国の黄土高原に暮らす4000万人 [M]．東京：彰国社，1988．

[27] 八代克彦，茶谷正洋，八木幸二，等．中国・窰洞住居の庭空間の類型に関する考察 [J]．日本建築学会計画系論文報告集，1992（434）：35-43．

[28] 栗原伸治．埋もれゆく穴の住まい窰洞：黄土高原の穴居住民：中国 [M]．佐藤浩司．住まいにいきる（シリーズ建築人類学．京都：学芸出版社，1998：171-190．

[29] 栗原伸治．黄土高原における窰洞の位置づけと再分類 [J]．日本建築学会計画系論文集，2000（536）：117-123．

[30] 川島洋一，後藤俊之，柴田隆．ヤオトンでの生活形態とその変化：中国の伝統的民家について（２）[J]．北海道東海大学紀要，1999（19）：17-28．

[31] 左満常．河南民居 [M]．北京：中国建筑工业出版社，2007．

[32] 李时珍．本草纲目（校点本）[M]．北京：人民卫生出版社，1981．

后　记

　　民居建筑文化遗产保护由重视具有重大价值的单体建筑（建筑群）发展到反映传统风貌、地方民族特色的片区，再到注重物质文化保护和非物质文化活态传承及农耕文明存续状态的传统村落，通过法律、行政手段，将其纳入了较完整的保护体系之中。河南的传统村落、民居也得以受到更多的关注。

　　河南的民居研究及保护工作起步相对较晚，以郑州市为例，除了康百万庄园等列入"国保""省保"单位的"高大上"对象以外，大量民居及其价值仍未被认知，尚未得到深入挖掘。特别是第三次文物普查以来，大量以往未被关注的"老百姓的建筑"被列入不可移动文物名录。但由于知名度不高，往往被认为并没有徽州民居、山陕民居等有较大的研究价值和意义。相关研究中除个别案例被提及以外，其余涉及其少。

　　因此，我们希望通过深入的调查，力求尽可能多地挖掘其历史文化信息，记载村庄的现实状况，以求今后通过深层次的研究做出客观的学术评价，为推进活态的持续发展奠定基础。

　　对于柏石崖的调查工作，最早开始于2014年6月，由于多方原因，工作时断时续，调查工作进行艰难，但无论怎样我们的目标始终明确，陆续组织了十余次较为细致的调查，最终得以完成书稿。书中力求客观论述柏石崖村的信息。由于水平有限，难免有疏漏和不当之处，欢迎广大读者批评指正。

　　在调研工作进行期间，我们得到了各方面的帮助和支持。

　　感谢郑州轻工业大学为我们提供了宽松的科研平台和良好的科研条

件，学院领导在研究工作方面给予了极大的关心和支持。感谢郑州轻工业大学研究生处、艺术设计学院研究生科等部门给以支持与帮助。感谢参与调查的郑州轻工业大学艺术设计学院董新意、朱丽博老师，研究生高慧丽、员丽娜同学，参与调研的郑州轻工业大学艺术设计学院及国际教育学院的黄文波、李国顺等同学，参与调研并在后期的数据整理中做出大量工作的王银旗等同学，还有柏石崖朴实、热情的村民们，他们的支持与帮助给予我们巨大的精神鼓舞。感谢默默支持着我们的亲人和朋友。另外，研究工作也得到河南省住房和城乡建设厅村镇处领导及专家的帮助与指导。在此一并表示衷心的感谢。

  本书以及相关的前期研究与后期工作还得到了以下项目的资助：河南省教育厅人文社会科学研究基金（2013-ZD-098，2019-ZZJH-603），郑州轻工业大学博士科研启动基金（2013BSJJ070），郑州轻工业大学研究生科技创新基金（2015、2016、2017连续三年）等。

  再次表示衷心的感谢！

宗迅

2019年10月